DER VERLAG

# Seelenzerrung

Winfried Thamm

1. Auflage Januar 2019

©2019 OCM GmbH, Dortmund

**Gestaltung, Satz und Herstellung:**
OCM GmbH, Dortmund

**Verlag:**
OCM GmbH, Dortmund, www.ocm-verlag.de

ISBN 978-3-942672-67-2

Bibliografische Information der Deutschen Nationalbibliothek

Die Deutsche Nationalbibliothek verzeichnet diese Publikation in der Deutschen Nationalbibliografie; detaillierte bibliografische Daten sind im Internet über **portal.dnb.de** abrufbar.

*Für Ilse,*
*die in ihrem langen Leben immer wieder aufgestanden*
*ist und sich zurückgekämpft hat, wenn sie*
*niedergestreckt wurde von der Willkür des Lebens.*

*„Dies ist, glaube ich, die fundamentalste Regel allen Seins:*
*Das Leben ist gar nicht so, es ist ganz anders!"*

*Kurt Tucholsky*


*„Wir glauben Erfahrungen zu machen,*
*aber die Erfahrungen machen uns."*

*Eugène Ionesco*

# Inhalt

Alles auf Anfang     11

Ayan erfindet sich neu     17

Nach dem Dessert     25

Sie spielt Cello     34

Wir müssen leider draußen bleiben     44

Wie in Amsterdam, nur ohne Japaner     52

Aus der Tiefe des Meeres     62

Der alte Mann und das Mädchen     73

Flinke Finger     111

Friederike sucht einen Mann     129

Taubes Gefühl     188

Auch ohne letztes Zimmer     207

## Alles auf Anfang

Hier im Hotel Böll, habe ich ein Zimmer gebucht, im Essener Norden, an meinem alten Schulweg. Eine billige Absteige. Hier soll ich mein neues Leben beginnen. Lächerlich.

Die Straßen sind regennass. Der Wind treibt Müll vor sich her. Die Häuserflucht, ein Schwarz-Weiß-Foto mit roter Ampel.

Zerzauste Erinnerungsfetzen, fossile Gefühle von Kindheit. Wusste nicht, wohin. Also nach Hause. Ist es nicht mehr. Zu lang war das andere Leben:

Frankfurt, da wo die Bücher wohnen, in den Kulturpalästen der großen Verlage. Buchkritiken und Lektoratsarbeit, Lesungen und Interviews, mitten im Leben eben. Dann Francoise, die Lebensliebe, zeigte mir, wie Leben geht, und Lust. Wir: Kopf und Zahl der gleichen Münze. Zwei Schuhe machen ein Paar. Dann kam Hannah, unsre kleine Fee. Glück pur.

An der Rezeption checke ich ein, nehme Schlüssel und Rollkoffer, sollte aufs Zimmer, ein wenig schlafen, kann aber nicht. Wenn ich da jetzt hochgehe ... nein. Lasse meinen Koffer an der Rezeption, gebe den Schlüssel zurück und eile hinaus.

Später Nachmittag, Anfang November. Schieferwolken hängen tief. Der Wind will mir an den Hut, drücke ihn fest. Hände tief in den Manteltaschen gehe ich zügig die Hauptstraße lang. Biege in die Erste rechts in die Albstraße ein. Die Straße meiner Kindheit. Drei Kopftuchfrauen in schwarzen, langen Mänteln hasten vorbei, mit weißen Plastiktüten beladen. Kinder an Rockzipfeln. Der Regen setzt wieder ein. Ich stehe vor dem Haus Nummer 3, meinem alten Zuhause. Plötzlich rieche ich das Gusseisen der Werkzeugfabrik, die es nicht mehr gibt. Jäh fliegt mich das Gefühl von Kindheitsglück an. Ich schaue nach oben zum zweiten Stock rechts, unsere Wohnung. Links hat Tante Mia gewohnt. Hat mir erste Stücke auf dem Klavier beigebracht: „Der fröhliche Landmann". Mein Gesicht ist nass von Regentränen. Spüre Scham.

Wenn ich es damals, in Frankfurt, wenigstens so stark gespürt hätte, dieses kolossale Glück. Aber es strahlt erst hell, wenn man im Dunkeln steht. Diese Unbeschwertheit, das leichte Leben, lange Abende mit Freunden bei Rotwein und Lammkeule, Kaffee-Orgien mit Kollegen im Büro, bei Erfolgen gab's Prosecco. Und immer Hannah und Francoise, rund um die Uhr. Alles verschmolz zu einem großen Klumpen Gold.

Den Hut tief ins Gesicht gezogen, gehe ich zurück zur Hauptstraße. Weiß nicht, wohin. Halte ein Taxi an.

„Zur Rüttenscheider Straße", sage ich.

„Ein bisschen früh für die Rü", sagt der Fahrer und lacht. Lache auch, kurz und schmerzlos, will ihm nicht die Laune nehmen. Es reicht, wenn für mich die Welt untergeht. Die Rü, Kneipenmeile in Essen. Erkenne sie kaum wieder. Coole Lounge-Bars, hippe Restaurants. Glitzerwelt auch bei Regen. Ich gehe ins „Lorenz", setze mich an die Theke, bestelle ein Bier.

Bis dann im schönsten Frankfurter Sommer das Licht ausging. Seelenfinsternis: Eine kleine Fee gegen ein großes Auto. Das war einfach nicht fair. Die Willkür saß am Steuer. Ihr war es egal, dass ein kleines Kind nicht mehr lachen, ein junges Mädchen nicht mehr heranwachsen durfte, zur Frau, die jemanden fände für die Liebe. Eine verbeulte Motorhaube gegen ein Bündel Kleidung mit was drin, was komplett zerbrochen war.

Nach dem zweiten Bier hänge ich Mantel und Hut an die Garderobe. Bestelle mir zum nächsten Bier einen Calvados. Er durchflutet mich mit einer Erinnerung an Sommerabende. Mit dem nächsten Bier merke ich, wie mir der Alkohol in den Kopf steigt und mich entspannt. Draußen faucht der Wind den Regen an. Menschen suchen rettenden Halt an Thekengeländern.

Francoise und ich legten unsere Herzen mit in den kleinen weißen Sarg. Herzlos, wie wir dann waren, trennten wir uns. Jeder trauert anders. Schmerz verbindet nicht. Geteiltes Leid ist halbes Leid, eine Lüge. Nach dem Desaster hatte ich wieder angefangen zu rauchen. Auch egal, alles egal.

Ich gehe vor die Tür und stecke mir eine an. Klopfe an die Scheibe und lass mir ein Bier bringen. Eine Frau steht neben der Tür, raucht auch. Will reden:
„So 'n Bierchen mit Kippe kommt gut, nee?!"
„Jau"
„Scheiß Wetter, was?"
„Mh."
„Versteh' schon."
Sie geht hinein.

Die große Stadt am Main, ihr Rhythmus war mein Puls, ihre Energie lud meine Batterie. Sie, die mir die Chancen zu Füßen legte, mich nährte mit Arbeit, Geld und Ruhm, die mich Fremden aufgenommen und mir Freunde geschenkt hatte, diese großartige Stadt wollte mich nicht mehr. Sie spuckte mich aus wie einen alten Kaugummi. Und das nur, weil ich mein Lächeln verloren hatte. Mein Lächeln war die Währung für sie, mein Lächeln, mit dem ich mich dankbar zeigte für alles. Es ist mir aus dem Gesicht gefallen, direkt in die Grube.

Die Kneipe wird immer voller, immer lauter. Stimmen, Lachen, Gesichter und Körper, junge, schöne Männer und noch viel schönere Frauen, die lächeln und flirten und küssen und trinken und, und, und ... Nichts macht einsamer, als allein in einer vollen Kneipe zu sein. Ich zahle und gehe. Es ist kalt, aber es regnet nicht mehr.

Die Kollegen mieden mich aus Unsicherheit. Ich mied sie aus Wut auf ihre heile Welt. Am liebsten hätte ich draufgehauen. Ich weiß, das ist nicht fair. War das große Auto fair? Wenn man in einem Verlag nicht mehr redet, ist man tot. Mein Chef fühlte mit mir, ich nicht mit ihm. Es ging nicht. Also ging ich. Hatte dann viel Zeit. Time for passion. Wieso bedeutet dieses Wort Leidenschaft und Qual zugleich?

Ziellos schlendere ich durch die Straßen meiner fremden Heimatstadt. Die Lichter der Cafés, Kneipen und Galerien kämpfen mit grellen Farben gegen das grantige Grau der Fahrbahnen und Fassaden. Der tief depressive Himmel fällt auf den nassen Asphalt. Ich suche nach Gefühlsankern und Wiedererkennen.

Trieb mich rum im Frankfurter Bahnhofsviertel, versuchte es mit Tränen. Einer, der auszog, um das Weinen zu lernen. Ein Märchen. Nach zehn Bier und sechs Korn ging's manchmal. Dann war ich stolz. Ich stank nach Bier und Trauer. So hörte die Stadt auf mich zu lieben und machte mich zum einsamsten Menschen des Planeten. Mir waren die Mitleidsumarmungen der Frauen unangenehm. Mir erschien ausgesprochenes Mitgefühl als Lüge, als Obszönität. Der Einzige, den ich ertragen konnte, war mein Bruder. Der wohnte in Essen. Immer schon. Ein Fels in der Brandung. Ich fuhr zu ihm. Wir tranken Bier und erzählten uns Geschichten von früher. Manchmal weinte ich. Dann ging er in die Küche, holte den Ouzo aus dem Eisfach und schenkte ein.

Hier werde ich vielleicht eine neue Arbeit finden, als Verlagsassistent. Kann nichts anderes. Ich lache kalt auf.
„Montag: Vorstellungsgespräch! Reiß dich zusammen!", rufe ich mir zu. Vor einer Eckkneipe stehen einige Taxen. Ich steige in eine und nenne dem Fahrer die Adresse meines Bruders.
Wir sitzen zusammen und erzählen uns Geschichten von früher und Neues von heute. Zwischendurch geht er nach Nebenan, um das Gästebett zu beziehen. Das Bier ist kühl, der Ouzo wärmt. Den Koffer kann ich ja morgen noch holen.

An Brüdern wie Felsen in der Brandung zerschellt man nicht. Sie retten einen vor dem Ertrinken. Bestenfalls.

## Ayan erfindet sich neu

Es war Montagmorgen viertel vor acht, als Heinz Scholz im Lehrerzimmer auf den Vertretungsplan sah. Er las:
*Scho - 1. + 2. Std - Ku - SEFÖG - Raum - K004*

Für nicht Eingeweihte hieß die Übersetzung: Herr Scholz sollte in der Seiteneinsteiger-Fördergruppe, also in der Flüchtlingsklasse, zwei Stunden Kunst im Kellerraum 4 vertreten. Und zwar jetzt, gleich, sofort.

Heinz war zweiundsechzig, wollte keine Karriere mehr machen, nicht mehr die Schullandschaft oder gar die Welt verändern. Er wartete auf seine Pension und auf die Reisen mit seiner Frau und dem alten Wohnwagen. Ja, so war er. Früher hatte er sich engagiert, jahrelang, Jahrzehnte, gefühlte Jahrhunderte. Nichts war passiert, alles war erstickt im Sumpf der Bürokratie.

Meine Güte, auch das noch, was mach ich denn da mit den Flüchtlingen? Da spricht doch kaum einer Deutsch. Haben die denn Material? Ich war da noch nie. Die sollen ziemlich schwierig sein, dachte er.

Heinz ging in den Materialraum Kunst, klemmte sich ein paar verwaiste Zeichenblöcke und eine Kiste mit Wachsmalstiften unter den Arm und stieg hinab in den Keller. Die Tür zum Raum 004 war geschlossen und kein Ton zu hören.

Vielleicht hat ihnen ja die zuständige Kollegin gestern schon gesagt, dass die ersten beiden Stunden ausfallen, hoffte Heinz.

Er drückte die Klinke herunter, die Tür öffnete sich. Gleich sprang ihm ein Mädchen zu Hilfe und nahm ihm die Blöcke und die Kiste ab. Er betrat den Raum und schaute in die Gesichter von sechzehn Kindern und Jugendlichen, irgendwo zwischen 10 und 18 Jahren. Sie sahen ihn an, ängstlich, verunsichert, belustigt, forsch, gelangweilt, neugierig, mit einem Lächeln um den Mund oder mit Sorgenfalten auf der Stirn, mit ernstem Gesicht oder unbedarfter Heiterkeit. Aber niemand sprach, alle standen hinter ihren Stühlen und warteten.

„Guten Morgen zusammen!", sagte Heinz. Sie antworten im Chor: "Guten Morgen Herr ..." Verlegene Blicke.

„Ach so, ja, ich bin Herr Scholz. Wir haben jetzt zwei Stunden Kunst zusammen", sagte Heinz und lächelte sie an. Sie setzten sich und grinsten zurück.

Das hilfsbereite Mädchen von vorhin, das Lava hieß, erklärte ihm etwas altklug in gebrochenem Deutsch, dass einige von ihnen schon seit über einem Jahr hier seien, andere erst seit ein paar Monaten und Ayan erst seit letzter Woche. Und sie zeigte auf einen schwarzen Jungen von etwa 15 oder 16 Jahren, der schüchtern auf seine Hände blickte, als er seinen Namen hörte. Die meisten verständen schon viel Deutsch, wenn nicht, dann aber Englisch. Nur Vasili nicht, aber Boris übersetze ihm alles. Das funktioniere alles sehr gut, erklärte Lava. „Frau Drilling immer sagt: Alles gut, alles gut!", endete sie mit einem Lachen.

Heinz verteilte Blätter und Stifte, seine Angst verflog. Es sind nur Kinder. Kinder sind eben Kinder, überall, Gott sei Dank. Er erklärte auf Deutsch und auf Englisch, dass sie ein Bild malen sollten zum Thema Frühling. Natürlich war das seltsam, es war Mitte Januar, tiefster Winter, draußen lag Schneematsch. Aber er konnte sie doch nicht auffordern, den kargsten, traurigsten und schäbigsten Monat des Jahres zu malen. Das ging doch nicht.

Er fragte, was denn alles zum Frühling gehöre und sie antworteten: *„flowers, grass, trees,* Sonne, Haus, Wiese, Regenbogen, Vögel, Kinder, Eltern, *Mam and Dad, brother,* Schwester, alles grün, schöner Regen, Datteln, Feigen, *sweet, all is sweet ...*"

Und sie malten drauflos, die Kleineren eifrig, die Älteren gelassen. Dabei erzählten sie, woher sie kamen, fragten Heinz, ob er verheiratet sei, ob er Kinder habe, waren erstaunt, dass er nur ein Kind hatte, schauten daraufhin mitleidig, fragten, wie man einen Hasen malt, einen Esel oder ein Kamel. Alle waren beschäftigt und gut bei der Sache, nur einer nicht: Ayan.

Heinz bemerkte es und setzte sich zu ihm.

„Du bist Ayan, ja?", fragte Heinz ihn auf Englisch.

Ayan nickte.

„Woher kommst du, was ist dein Land?"

„Er kommt aus Somalia, Frau Drilling hat gesagt", krähte Lava dazwischen.

„Sei mal still, Lava, Ayan soll selbst erzählen", erwiderte Heinz.

„Englisch er versteht, aber nix sagen, nie!"

„Ayan, wie alt bist du?", versuchte es Heinz weiter.

Der Junge sah Heinz nicht an und rutschte auf seinem Stuhl etwas nach hinten. Heinz lächelte ihn an, nahm einen Malstift und hielt ihm den vors Gesicht. Ayan drehte zitternd den Kopf zur Seite.

„Hier, nimm den Stift und male, was du willst. Oder auch nicht. Du musst nicht", sagte Heinz auf Englisch und strich ihm beim Aufstehen mit der Hand über die Schulter.

„No!", schrie Ayan, sprang auf, „don't touch me! No!", drückte sich mit aufgerissenen Augen an die Wand. Der Stuhl war mit einem lauten Knall umgestürzt. Dann war es still, ganz still.

Heinz war zwei Schritte zurückgewichen. Die Handflächen nach unten gerichtet, signalisierte er Ruhe, Rückzug, sagte dann: „Okay, okay, ich lass' dich in Ruhe, ich fasse dich nicht an."

Man hörte das Ticken der Heizung, leises Scharren von Ayans Schuhen, das zurückgenommene Atmen der Kinder. Wie in Zeitlupe begann Ayan sich zu bewegen. Er ging wieder zum Tisch, stellte den Stuhl auf, setzte sich hin, hielt immer den Blick auf Heinz gerichtet, zog aber das leere Blatt zu sich, nahm einen Stift und begann zu malen.

Alle atmeten auf. Es kam wieder Leben in die Gruppe. Sie malten weiter, sprachen und lachten miteinander. Aber anders als vorher, verhaltener, geduckter. Heinz ging von Tisch zu Tisch, sah sich die Zeichnungen an, gab Ratschläge, half bei Motiven und Details, redete mit ihnen, fragte sie nach ihren Interessen, ihrem Alltag. Und zwischendurch schaute er immer mal wieder hinüber zu Ayan, wie er dasaß und malte. Manchmal konzentriert und akribisch, dann wieder wild kritzelnd und krakelnd. Der schlaksige Junge mit der dunklen Haut ließ Heinz nicht aus den Augen, innerlich auf dem Sprung, bereit zur Flucht.

So ging es die ganze Doppelstunde lang, fast neunzig Minuten. Als er am Ende der Stunde seine Kreidekästen wieder einsammelte und die Schüler in die Pause schickte, kam Heinz an Ayans Tisch. Der faltete schnell sein Blatt in der Mitte, schob es Heinz über den Tisch mit den Worten: „*Here, that's my spring.* (Das ist mein Frühling)!", und rannte hinaus.

Heinz faltete das Blatt auseinander und schaute auf das Bild: Drei große, schwarze, stehende Figuren, eckig gezeichnet, mit spitzen Gegenständen, vielleicht Knüppeln, Speeren oder Gewehren, waren zu erkennen. Vor diesen brachialen Gestalten lag eine Vielzahl kleiner, brauner Figuren. Darüber waren in wildem Krickelkrakel, rote, zackige Linien gemalt.

Hermann setzte sich an den Tisch, sah auf das Bild, stützte seinen Kopf in seine Hände und wusste nicht weiter.

Am nächsten Tag sprach Heinz seine Kollegin Drilling, die die Flüchtlingsgruppe intensiv betreute, auf Ayan an und erzählte, was passiert war. Heide, so hieß sie mit Vornamen, war entsetzt. Dass die Schul-Orga ihn einfach so kurzfristig in die Gruppe geschickt habe, ohne Infos und ohne Vorwarnung, sei eine Dreistigkeit, eine Katastrophe. Ayan dürfe man auf keinen Fall malen lassen. Er sei erst sechs Wochen in Deutschland. Nach der Ermordung seiner gesamten Familie von Terrormilizen und einer Flucht, bei der er nur knapp dem Tod entkommen sei, sei er jetzt völlig traumatisiert. Psychologen kümmerten sich, es sei aber schwierig. Damit er noch etwas Anderes sieht als nur seine innere Apokalypse, sei er hier in der Schule. Er müsse nichts lernen, erst mal nur überleben. Das sei alles so schrecklich. Er sei ja nicht der Einzige, da gebe es ja noch so viele Schrecklichkeiten, die man gar nicht aufarbeiten oder irgendwie therapieren könne, sie wisse auch nicht weiter ... und was sie tun

könne ... ob das was bringt ... sie wisse auch nicht ...
gebe aber alles.

Heinz meldete sich krank, ging nach Hause und blieb
die nächsten drei Tage auch dort. Er verkroch sich
in seinem Arbeitszimmer, recherchierte im Internet
über Somalia, Terrormilizen, Hungersnöte, Kindersoldaten und Piraterie. Und wenn es allzu arg wurde,
trank er Wein und weinte. Abends besprach er all
das mit seiner Frau. Er verband die Fakten aus den
Internetartikeln miteinander und verstand langsam
die politischen Zusammenhänge in Somalia und die
Lebenssituation der Bevölkerung. Und gleichzeitig
verstand er nichts. Nicht die Grausamkeiten, die Fol-
terungen, die Vergewaltigungen, die Kindersoldaten,
die Morde, die Metzelei.

Heinz sah sein Leben, seinen Alltag, seinen Unterricht, seinen Feierabend, seine Freizeit, seine Gespräche, Spaziergänge, seine Kino- und Restaurantbesu-
che, das gemeinsame Kochen und Essen mit seiner
Frau und seinen Freunden, sein Leben aus einer völlig
anderen Perspektive. Er lebte im Paradies und fühlte
sich schuldig.

In den nächsten Wochen und Monaten hatte Heinz
keinen Unterricht mehr in dieser Klasse, fragte aber
immer mal wieder seine Kollegin Heide, wie es dem
Ayan so gehe.

Er mache Fortschritte, werde sicherer, fröhlicher
und selbstbewusster, meinte Heide. Das beruhigte ihn.

Zwischendurch in den großen Pausen sah er Ayan
häufiger mit Jonas zusammen, einem Schüler, den er

aus seinem Deutschkurs in der Oberstufe kannte. Das beruhigte ihn noch mehr.

Die Sommerferien waren vorbei, das neue Schuljahr begann. Heinz richtete für seinen neuen Theaterkurs die Aula her. Requisiten, Ton und Licht, Kostüme und was man sonst noch so braucht. Die sechste Stunde war vorbei, die einstündige Mittagspause für Lehrer und Schüler begann, als Jonas seinen Kopf durch die Tür steckte und fragte:

„Herr Scholz, dürfen wir in der Pause hier Musik machen? Der Musik-Reimann hat uns das erlaubt. Wenn wir die Aula verlassen, sagen wir auch einem Lehrer Bescheid, damit er hier abschließt. Ist das Okay?"

„Ja, na klar. Ich kenn' dich doch, du machst doch keinen Blödsinn hier drin. Aber was meinst du mit ‚wir'?", frage Heinz zurück.

„Na, Ayan und ich, wissen Sie das nicht?"

„Was?"

„Wir machen schon seit Urzeiten zusammen Musik!"

„Nein, das wusste ich nicht, aber das ist ja toll", antwortete Heinz und spürte, wie er sich schämte für dieses peinliche und steife Lehrerlob. Er zog sich in den Raum hinter der Bühne zurück, um seine Requisiten zu sortieren.

Jonas spielte auf dem Flügel in der Aula ein paar gebrochene Jazzakkorde als Intro, bis jemand dazu zu singen begann: „If it's magic ..." Heinz erkannte es sofort: Stevie Wonder!

Er öffnete die Tür zur Aula ein wenig mehr, um besser hören zu können. Wer da sang, war großartig, wie er sang, war so soulig, mit einer Stimme, die samtig und doch kraftvoll klang, mit einer lässigen Sicherheit immer die richtigen Töne traf und mit ihnen spielte, als habe er nie etwas anderes getan. Heinz war so überwältigt, dass er gar nicht wusste, wohin mit seiner Freude.

Als das Lied zu Ende war, trat er aus dem Requisitenraum auf die Bühne und sah die beiden, Jonas und Ayan. Ganz langsam ging er auf sie zu, quer durch den großen Saal der Aula.

Jonas legte jetzt ein paar regelmäßige Akkorde auf eins und drei vor, bis Ayan taktversetzt einstieg, nicht als wolle er singen, eher als erzähle er eine Geschichte:

> *„I see trees of green, red roses too,*
> *I see them bloom for me and you,*
> *and I think to myself ... "*

Heinz schaute Ayan mit großen Augen an. Er hatte das Gefühl, als singe sich Ayan all seinen Schmerz von der Seele, als singe er sich hinein in ein neues Leben, als erfinde Ayan sich neu in einer anderen, besseren Welt.

Ayan, der nie sprach, der dieses Bild gemalt, der diese Hölle erfahren hat, dieser Ayan sang den alten Louis-Armstrong-Song *„What a wonderful world"*. Und Heinz glaubte es ihm.

## Nach dem Dessert

Es ging um ihn. Er war gestern fünfzig Jahre alt geworden. Jetzt wurde gefeiert. Es ging nicht anders. Herrmann Bomburg, Staatsanwalt, stand ungern im Mittelpunkt. Vor Gericht ja, aber nicht für Lobesreden.

Ein Geburtstag ist weder Verdienst noch Leistung, dachte er.

Etwa vierzig elegant gekleidete Menschen bildeten einen Halbkreis um den Redner. Herrmann stand am rechten Rand und ließ die Ode seines Ältesten über sich ergehen. Nicht ohne Stolz und einem Anflug von Peinlichkeit. Der Salon seiner Villa war festlich hergerichtet. Alle waren bewaffnet mit Sektflöten und Feierlächeln. So viele schöne Menschen.

Ihm gegenüber sah er sie. Grazil und geschmeidig zugleich, die Schönste von allen. Immer wieder flog sein Blick zu ihr hinüber. Er konnte es nicht lassen. Sie lächelte leise.

„... und ich bin stolz darauf, in deine Fußstapfen getreten zu sein. Nein, du hast mich nicht gezwungen, nicht genötigt gar, nur geführt in meinen wilden, hormongeschüttelten Zeiten als Gymnasiast, weder mit harter Hand noch mit Handschellen ... (Vereinzeltes amüsiertes Kichern) ..., sondern mit Verständnis und Beharrlichkeit hast du mich an meine Pflicht erinnert, ein nicht nur gutes, sondern das beste Abitur zu schaffen und mich auf mein Studium der Jurisprudenz zu konzentrieren."

Ja, dich habe ich immer im Griff gehabt, Lutz. Nur ein folgsamer Sohn ist ein guter Sohn. Wenn du auch weiterhin auf mich hörst, wird es dir gut gehen. Fleißig bist du ja, aber dir fehlt die Fantasie. Rebecca ist da ganz anders, dachte er.

„Wie oft habe ich mir bei dir Rat geholt in schwierigen Fragen und wie oft hast du mich motiviert, nicht auf-, sondern alles zu geben. Getreu deinem Motto: Nicht das Vergnügen sei des Menschen Pflicht, sondern die Pflicht sei des Menschen Vergnügen."

Herrmann musste grinsen: Wunderschön formuliert. Reden kannst du. Das muss ich dir lassen.

„Dadurch habe ich zwar eine Reihe von Besäufnissen mit meinen Kommilitonen verpasst … (wieder leichte Heiterkeit in der Runde) … aber wenn das meinem Ruf geschadet hat, dann nur bei den Zechern unter meinen Weggefährten. So konnte ich mit deiner moralischen und gleichwohl fachkompetenten Unterstützung schon in diesem Frühjahr mein erstes Staatsexamen summa cum laude feiern."

Diese Selbstlobhudelei! Lutz, du bist so peinlich! Rebecca lächelte nicht mehr. Sie stieg ungeduldig von einem Fuß auf den anderen.

Herrmanns Blicke waren wieder bei ihr. Was hatte sie nur verärgert? Er lächelte sie an, schlug die Augen nach oben und hob leicht die Schultern. Da zeigte sie Grübchen und blitzte keck herüber. Sie verstanden sich wortlos.

Ein langes, silbernes Kleid mit einem hohen seitlichen Schnitz floss um ihre schlanke Gestalt. Das dunkle Haar war hochgesteckt, die Lippen signalrot.

Rebecca, seine kleine Prinzessin, achtzehn Jahre jung, seit gestern, am gleichen Tag geboren wie er. Das Collier hatte sie von ihm bekommen. Lutz, Bemerkung, so etwas schenke man doch eher seiner Frau und nicht der Tochter, hatte ihn getroffen.

„Und dieses Fest war, wie du weißt, im wahrsten Sinne des Wortes nicht von schlechten Eltern. Doch obwohl du in deiner so eigenen Bescheidenheit deinen runden Geburtstag lieber im Schoße deiner Familie feiern wolltest, hat Mamá die Organisation in ihre preußischen Hände genommen und diese „Festkutsche" zu einem gesellschaftlichen Ereignis gelenkt, bei dem die Garde deiner beruflichen Weggefährten nicht fehlen durfte."

Wie schön du bist. Seine Gedanken schweiften ab in die Zeit, als sie noch klein war. Das war die Phase, in der er an seiner Karriere arbeitete und selten zu Hause war. Doch wenn, dann spielte und tollte er mit ihr herum. Wenn er mit ihr Karussell spielte, juchzte sie vor Glück. Das war auch sein Glück. Er hatte sie schon immer gerne in den Armen gehalten, angefasst und sie war bei jeder Gelegenheit auf seinen Schoß geklettert. Das hatte sich auch in der Pubertät kaum geändert. Mit Bewunderung und heimlichem Schmerz hatte er das Knospen ihrer Brüste wahrgenommen, das Runden ihrer Hüften. Doch sie waren sich immer noch sehr nah gewesen, auch heute noch.

Auch heute noch? Kleine Schweißperlen einer unbestimmten Angst krochen leise auf seine Stirn.

„Und wir, die Familie, sind froh darum, dass sie alle gekommen sind, deine langjährigen Kolleginnen und Kollegen, die Mitstreiter für Recht und Ordnung und gegen das Verbrechen. Sie hätten sonst auch kein privates Wort mehr an dich gerichtet, im Gericht."

Das fröhliche Lachen der Gäste auf die gelungene Pointe nahm Herrmann nicht mehr wahr. Er hatte immer häufiger ihre unschuldige Nähe gesucht. Sie hatte nie Angst vor ihm empfunden, warum auch? Doch er hatte Angst vor sich selbst, denn er wusste um die Erregung, die sie auslöste. Manchmal war er nachts in ihr Schlafzimmer gegangen, nur um sie anzusehen, gelegentlich ihr Haar zu berühren, um dann schnell wieder hinauszuschleichen, gepeinigt von schlechtem Gewissen und noch schlechteren Wunschträumen. Völlig verstört hatte er dann nach solchen Besuchen stundenlang in seinem Arbeitszimmer gesessen und sich selbst nicht mehr verstanden, nicht mehr vertraut.

„Meine bescheidene Ode an dich, Papá, soll auch bald ein Ende finden, aber nicht ohne dein besonderes Engagement zu erwähnen, dass du in deiner Karriere als Staatsanwalt in deiner dir eigenen Beharrlichkeit gezeigt hast. Besonders am Herzen lagen dir, neben all den Opfern der Verbrechen aus Habgier und Gemeinheit, die Frauen und Kinder, die gedemütigt, misshandelt und vergewaltigt wurden von perversen Psychopathen und brutalen Kinderschändern. All die Menschen, denke ich, sind dir, bei all ihrem Leid, zu ewigem Dank verpflichtet für deinen konsequenten Einsatz."(Applaus)

Herrmanns Erinnerungen brachen sich Bahn, unaufhaltsam: Eines Abends, etwa vor einem Jahr, war sie spät zu ihm ins Wohnzimmer gekommen und hatte sich neben ihm auf die Couch gesetzt.

„Paps, wir müssen mal reden", hatte sie begonnen und ihm fest in die Augen gesehen. Die gleiche Panik, die er auch jetzt spürte, hatte seinen Brustkasten umschlossen.

„Du, wir sind doch nicht nur Paps und Rebecca, wir sind doch auch ... gute Freunde."

„Na sicher, mein Schatz." Die Spannung löste sich aus seinen Muskeln.

„Hör mal, du weißt doch, dass ich einen Freund habe, den Jonas."

„Das ist dein Freund? Ich dachte, es sei nur ein, na ja, netter Mitschüler."

Er hatte seine Kränkung nicht verbergen können.

„Nein, wir gehen schon ein halbes Jahr miteinander. Guck nicht so traurig. Ja, und ... gestern ist es passiert. Wir haben miteinander geschlafen. Und jetzt bin ich ganz durcheinander, ich kann gar nicht mehr denken, so richtig, ich bin so glücklich, das war so ... wie ins All fliegen und einmal um den Mond. Ich glaube, ich liebe ihn, kann ich denn mit siebzehn schon lieben? Was ist das eigentlich: Liebe? Ist das die Liebe?", kam es aus ihr herausgesprudelt.

„Was?" Mehr hatte er nicht sagen können. Der Schmerz hatte ihm den Atem genommen und gleichzeitig die Ahnung einer Erlösung geschenkt.

Er hatte sie angestarrt, ohne zu wissen wie lang.

„Paps, ist das denn so schlimm?" Der Zauber ihres Lächelns hatte ihn ganz eingenommen.

„Nein, Schatz, komm mal her!" Und sie war ihm um den Hals gefallen, er hatte sie umarmt, sie wieder gespürt, gestreichelt, auf den Hals geküsst, sie hatte aufgeschaut, ihr Gesicht ganz nah bei seinem, ihn auf den Mund geküsst, „armer Paps" hineingelächelt. Er hatte ihren Kuss erwidert, auf den ach so blühenden Mund, und nicht mehr aufgehört, war immer fordernder geworden, hatte seine Hände wandern lassen, immer gieriger, bis sie ihn sanft, aber bestimmt zurückdrückte, „Lass gut sein, Paps", murmelnd. Er starrte sie an, sie schlug die Augen nieder.

„Entschuldige, ich wollte nicht ...", hatte er gestammelt, mit abgewandtem Kopf. Und sie war grußlos verschwunden.

Die ersten Tage danach hatten sie kaum miteinander sprechen und sich nicht anschauen können. Dann einmal doch, nach Wochen, hatte sie ihn gefragt, ob er böse auf sie sei. Nein, aber sie auf ihn, hatte er erstaunt gefragt.

„Ach was, Paps, ich lieb dich doch", hatte sie gesagt mit ihrem koketten Grübchenlächeln. Die Erleichterung ließ ihn durchatmen.

„So lasst uns das Glas erheben auf dich, den großen Oberstaatsanwalt, den verständigen Kollegen und lieben Freund, auf dich, meinen und unseren Papá, auf den Gatten dieser wunderschönen Frau, die ich mit Stolz meine Mamá nennen darf, die ihrem Mann immer den Rücken frei gehalten hat und die dafür gesorgt hat, dass du bei all deiner Arbeit auch noch Zeit für uns Kinder gefunden hast."

Seine Hände waren so feucht, dass er glaubte, das Glas nicht halten zu können. Er kramte ungeschickt ein Taschentuch hervor und wischte sich über die Stirn. Er spürte den strafenden Seitenblick seiner Gattin. Die anderen schienen nichts zu merken. Sie hörten Lutz zu, der immer noch redete.

Vater und Tochter hatten ihre alte Vertrautheit im Gespräch wiedergefunden, aber nur da. Wenn sie ihn jetzt einmal umarmte, spürte er die Erregung jedes Mal wie einen Stromstoß, der ihn so durchzuckte, dass er zu zittern glaubte, nach dem er sich aber immer wieder unendlich sehnte. So stahl er sich Blicke auf Bauch und Busen, unbemerkt. Lauerte ihr auf, jagte nach der Beute der Berührungen, beim Zähneputzen im Bad, beim Sonnenbaden im Garten, beim Auskleiden abends in ihrem Zimmer. Nachts ließ er seinen Fantasien freien Lauf, einsam und schuldbewusst. Bis heute war das so. Er litt.

„Ich erinnere mich noch wie heute an das Leuchten deiner Augen, als meine Schwester Rebecca geboren wurde. Und dieses Strahlen hast du bis heute bei ihrem Anblick nicht verloren. Ich muss zugeben, dass mich das hier und da auch mal mit Neid erfüllte. Doch die Liebe des Vaters zur Tochter ist eben eine zärtliche und zum Sohn eine helfende."

Was hatte Lutz da gesagt? Hatte er etwas bemerkt? Will er mich jetzt hier vor allen Leuten ... Kein klarer Gedanke war mehr in ihm. Er spürte die Nässe der Angst unter seinen Achseln. Das Hemd klebte am Rücken. Er roch den Gestank seiner Panik. Das Haar lag klatschnass am Kopf.

Hatte Rebecca nicht gesagt, sie wolle auch noch vor den Gästen sprechen? Irgendwas mit Überraschung? Will sie mich hier öffentlich hinrichten?

Panik ließ seine Hände flatterten wie kleine Vögel, die man kopfüber an den Füßen hält.

„Und, Papá, verstehe das nicht als Vorwurf, sondern als Zeichen eines besonderen Glücks, das ich dir zu genießen von Herzen gönne.

Ein Prosit, verbunden mit allen guten Wünschen für die nächsten fünfzig Jahre von mir, von uns, für dich, lieber Papá!"

Ein Brausen in seinen Ohren. Es wuchs und wuchs. Was war passiert? Die Gäste applaudierten, das war alles. Sie prosteten ihm zu. Langsam fand er zu seiner Fassung zurück und erwiderte die Geste, ein um das andere Mal, wie eine Marionette. Das Klingeln eines Löffels an ein Glas ließ den Beifall verebben. Rebecca trat vor. Es war noch nicht vorbei. Sie ergriff das Wort:

„Lieber Paps, ich nenne dich auch heute so, obwohl wir nicht alleine sind. Ich will es kurz machen, mein großer Bruder hat schon großartig genug geredet. Von mir auch alle lieben Wünsche für die Zukunft. Und ..."

Jetzt wird sie mich an den Pranger stellen, vor aller Augen den Staatsanwalt der lüsternen Gier nach dem Körper seiner eigenen Tochter anklagen, von sexueller Belästigung, Nötigung und psychischer Qual sprechen.

„... dir meine Überraschung offenbaren. Zu unser beider Geburtstag lade ich dich ein, mit mir die Reise anzutreten, nach der du dich immer gesehnt hast, die Reise nach Venedig. Mamá musst du nicht um Erlaubnis bitten. Alles ist schon geklärt. Sie interessiert sich ja eh nicht so für Kunstgeschichte. Ich freu mich darauf, Paps. Ich liebe dich!"

„Rebecca, mein Liebes, ich ... ich ... bin sprachlos vor Überraschung. Ich kann jetzt gar nichts sagen", stammelte Herrmann.

Seine Tochter rannte in seine Arme, sie umfingen und hielten sich wie damals und früher und vor einem Jahr. Er spürte ihren Kuss auf seiner Wange und roch den Duft ihres Haars, als er sein Gesicht in ihrer Halsbeuge vergrub, und fühlte ihre Schenkel an den seinen und die alte Erregung und Sehnsucht und Sucht.

Die Gäste applaudierten gerührt. Sie lösten sich voneinander. Dann entschuldigte sich Herrmann, er wolle sich frisch machen vor dem Essen, während die Gäste Platz nahmen zum Diner.

Plötzlich war er ganz ruhig. Er ging hinauf in sein Arbeitszimmer, zog die Smokingjacke und das Hemd aus, streifte sich einen Pullover über und öffnete die alte Segelkiste. Er nahm ein starkes Seil heraus und, als ob er es gestern noch getan hätte, schlug er geschickt den Henkersknoten.

Er spürte die Tränen angenehm über seine Wangen laufen.

Langsam stieg er die Treppe hinauf zum Dachboden.

„Venedig, nur mit dir!", flüsterte er lächelnd.

Sie fanden ihn nach dem Dessert.

## *Sie spielt Cello*

Guido Kleinmann steht vor dem kolossalen Bau des „Hotel Royal" in Frankfurt, schaut an der Fassade aus spiegelndem Glas, matt glänzendem Stahl und poliertem Granit empor, die sich in der Unendlichkeit des sternenklaren Nachthimmels verliert, und staunt.

Soll ich, soll ich nicht? Ich weiß nicht, ich weiß nicht, grübelt Kleinmann.

Dann schaut er noch einmal an der Fassade hinauf und sagt sich: Ich mach' das, ja, ich mach' das jetzt! Beschlossen, entschieden, fertig! Basta! Mein Gott, bin ich verrückt?! Warum nicht auch mal verrückt sein? Ja, das ist teuer, bestimmt ist das teuer, na und? Ist eben teuer, ich hab's ja jetzt. Ich muss Dorothee anrufen, war ja nicht klar, wie lang es dauern wird beim Nachlassverwalter. Jetzt noch über sechshundert Kilometer zurückfahren? Nee! Ich mach's und basta. Ich gehe in dieses Hotel, in diesen geilen, durchgestylten, sündhaft teuren Fünfsterneschuppen. Eine Nacht voller Luxus. Das gönne ich mir. Wehe sie meckert. Ist mein Geld, ganz allein meins. Tante Martha war meine Tante, nicht ihre!

Der Entschluss steht fest.

So betritt Kleinmann das hallenartige, elegant gestaltete Luxus-Foyer so ehrfürchtig als sei es eine Kathedrale und wendet sich der Rezeption zu. Seine Sporttasche von Pumadidas ist ihm peinlich. Hinter dem Empfang aus rosa und schwarzem Granit, spiegelglatt poliert, spricht ihn ein junger Mann mit Gelfrisur und weinroter Hoteluniform mit dezent gedämpfter Stimme an: „Was kann ich für Sie tun, mein Herr?"

Kleinmann erschrickt und antwortet: „Ich hätte gerne ... äh, also ein Zimmer für eine Nacht nur. Haben Sie da ... ist da noch was frei bei Ihnen, ich meine im Hotel, hier so?"

Der Rezeptionist mustert Kleinmann von oben bis unten, hebt kaum sichtbar die Mundwinkel zu einem herablassenden Schmunzeln und fragt:

„Standard, Komfort oder Luxussuite, mein Herr?"

Die Arroganz im Ton ist eklatant.

Schnösel, denkt Kleinmann.

„Was kostet denn ein Standardzimmer?"

„168 Euro, mit Frühstück 188", antwortet Schnösel, ohne ihn dabei anzusehen.

„Was? Zwanzig Euro nur für ein Frühstück?"

„Buchen oder nicht? Mit oder ohne Frühstück? Wie entscheiden der Herr?", fragt Schnösel leicht entnervt.

„Nehmen Sie es mit Frühstück. Es ist teuer, aber großartig!", kommt plötzlich eine etwas heisere Frauenstimme von hinten. „Ein Buffet, das keine Wünsche offenlässt, so steht es im Prospekt, und das stimmt sogar."

„Guten Abend Frau Waldau, darf ich Ihr Baby in Obhut nehmen?", katzbuckelt Schnösel mit gekünsteltem Lächeln.

„Baby? Was? Wo?" Kleinmann dreht sich verwirrt um.

„Nein, keine Angst! Ich hab' kein plärrendes Kleinkind", lacht die Frau. „Das hier ist mein Baby, auf das er aufpassen soll", und zeigt auf einen großen Koffer in Form einer Geige, den sie dem Rezeptionisten an der Theke vorbei übergibt.

„Ach, Sie sind Cellistin?"

„Ja, sieht wohl so aus. Und Sie sind ... Sherlock Holmes?" Sie lächelt ironisch.

Kleinmann wird rot, wegen seiner dummen Frage.

„Sie entschuldigen?", sagt sie noch, nimmt ihren Schlüssel, und verschwindet mit Hüften schwingendem Gang Richtung Aufzüge. Ihr roter üppiger Lockenkopf wippt dabei auf und nieder, als wolle er ihm winken. Das hätte er gerne. Ihre schlanke Gestalt umspielt ein grünes, weit geschnittenes langes Samtkleid. Ihr Schritt auf den rostbraunen Pumps ist selbstbewusst und sicher. Kleinmann schätzt sie auf Anfang vierzig und ist beeindruckt.

Der blutrote Lippenstift und die stark geschminkten Augen waren schon etwas zu heftig, denkt er. Aber: Hammerfrau, absolut!

Kleinmann grinst über seine losgetretenen Fantasien.

„Standard, mit Frühstück", ordert er kurz angebunden, erledigt die Anmeldung und bekommt seine Schlüsselkarte. Auch er wendet sich dann Richtung Aufzüge. Die Musikerin ist schon gen Himmel gefahren.

Auf dem Zimmer im zwölften Stock nimmt Kleinmann einen Whisky aus der Minibar, stellt sich ans Panoramafenster und genießt die Aussicht über das abendliche Frankfurt.

Das ist Leben, denkt er. Wenn ich das meiner Doppelkopfrunde erzähle: Fünf Sterne, hoch über Frankfurt, knapp unterm Himmel. Und dann eine Cellistin kennengelernt. Frau Waldau! Klingt wie ... Waldorf-Astoria oder ... Waldorf-Salat, jedenfalls nach großer weiter Welt. Eine Cellistin! Gibt es etwas Erotischeres als eine schöne Frau mit diesem Instrument zwischen den Beinen. Sind ja auch meist Frauen, die das spielen, oder? Komisch.

Kleinmann geht unter die Dusche, zieht frische Kleidung an. Zwischendurch nimmt er immer wieder einen kleinen Schluck Whisky und wirft einen Blick auf die erleuchtete Stadt. Er fühlt sich kosmopolitisch, polyglott, weltmännisch, international: großartig! Er schaut in den großen Spiegel, lächelt sich etwas verlegen an und sagt. „Na ja, gar nicht so übel." Ganz nebenbei, als wolle er es vor sich selbst verheimlichen, nimmt er seinen Ehering ab und steckt ihn in die Hosentasche.

Mit einer unbestimmten Erwartung fährt er hinunter ins Erdgeschoss und betritt die Bar. Gedimmtes Licht, wieder rosa und schwarzer Granit, grau getönte Spiegel, sparsame blaue Farbakzente, kleine Ledersessel, runde Tischchen, glitzernde Gläser und Flaschen hinter der Theke, ein schwarzer Flügel links. Kleinmann setzt sich an die Bar, bestellt einen Scotch, hätte lieber ein kühles Bier, aber in so einem Haus muss man Whisky trinken. Der Barmann nickt freundlich, bringt das schwere Glas. Im Spiegel hinter der Bar entdeckt Kleinmann auf dem Tisch neben dem Flügel einen Teller mit Kanapees und ein Glas Rotwein. Gerade als er sich wundert, wer das denn hinterlassen hat, so unberührt, betritt eine Frau ganz in Schwarz, mit rotem Haar als Pferdeschwanz gebunden den Raum und setzt sich an das Tischchen mit der kleinen späten Mahlzeit. Kleinmann beobachtet sie unverhohlen über den Spiegel hinter der Theke.

Das ist doch die Cellistin, genau. Die hat sich umgezogen. Ist hungrig nach so viel Kunst. Die haut aber ganz schön rein. Habe auch schon länger nichts mehr gegessen. Na ja. Der Spiegel ist gut, so kann ich sie ...

Plötzlich treffen sich ihre Blicke und diese etwas heisere Stimme sagt: „Bevor Ihnen die Augen aus dem Kopf fallen, setzen Sie sich besser zu mir. Ich will nicht schuld an ihrer Erblindung sein. Ihrem Blick nach zu urteilen, sind Sie ja ziemlich hungrig. Ich hoffe, nur auf meine Tapas."

Sie lacht ein kleines Glucksen und schaut ihn an, dass ihm die Schamesröte ins Gesicht steigt.

„Das ist sehr freundlich ... ich meine sehr nett von Ihnen. Wenn Sie erlauben."

Kleinmann knöpft sein Jackett zu, geht auf sie zu, gibt ihr die Hand, zum Handkuss fehlt ihm der Mut, verbeugt sich leicht und sagt:

„Kleinmann, Guido Kleinmann, mein Name."

Dann setzt er sich in einen dieser kleinen Cocktail-sessel und schlägt die Beine übereinander und weiß nicht mehr weiter.

„Ich heiße Hanna Waldau. Herr Kleinmann, greifen Sie zu. Die Tapas sind viel zu viel für mich. Tagsüber kam ich nicht zum Essen und direkt vor dem Konzert darf ich nicht. Dann kann ich nicht spielen."

Der Barkeeper kommt und bringt Kleinmann seinen Whisky. Er trinkt ihn aus und kommt ins Husten. Hannas ironischer Blick schreckt ihn ab.

„Ja, danke schön, gerne. Ich bin auch zu nichts gekommen, meine, nicht zum Essen, also ... Sie verstehen?!", stammelt Kleinmann. Er weiß nicht, wohin er schauen soll, spürt die Röte auf den Wangen. Schließlich nimmt er sich ein Kanapee vom Teller.

Beide essen. Kleinmann bestellt sich auch einen Rotwein. „Den gleichen wie Frau Waldau!"

„Was ich hier mache, haben Sie ja schon mitbekommen. Aber was treibt Sie in diese große, schäbige Stadt?"

„Ich hatte einen Termin bei einem Anwalt, ... also wegen Erbschaftsangelegenheiten. Meine Tante ... Sie verstehen."

„Oh, das tut mir leid. Entschuldigen Sie, dass ich so indiskret gefragt habe."

„Nein, nein, das macht nichts, sie war schon sehr alt, 97, mein Gott, was für ein Alter, stand mir auch nicht besonders nah. Muss morgen wieder zurück. Die Arbeit wartet. Sie verstehen."

„Was arbeiten Sie denn so?" Hanna beugt sich leicht vor und schaut Kleinmann direkt an.

„Ich bin Bauingenieur, spezialisiert auf Statik." Kleinmann schaut in die schönen grünen Augen und dann schnell auf seine Hände.

„Ach, genau das Gegenteil von mir. Ich hab's mit der Dynamik."

„Wieso?"

„Die Musik, sie lebt davon. Ohne Dynamik keine Musik. Sie verstehen?"

„Jetzt sagen Sie das auch schon."

„Was?"

„Sie verstehen. Ich sage das andauernd, wenn ich nervös bin. Sie ..."

„... verstehen?", ergänzt sie. Beide lachen auf. Das Eis ist gebrochen. Sie schaut ihn so an, dass ihm ganz anders wird.

Daraufhin erzählt Kleinmann von seinen Brücken und Gebäuden, die er begutachtet und prüft auf Konstruktion und Material, auf Druck und Zug, auf Dichte und Haltbarkeit, auf Sicherheit und Langlebigkeit. Er arbeite nicht an Neubauprojekten, sondern kümmere sich um den Erhalt von vorhandener Bausubstanz. Ja, er habe sich ganz der Bewahrung und der Stabilität verschrieben. Das sei seine berufliche Aufgabe. „Aber das finden Sie bestimmt ziemlich langweilig?"

„Ganz und gar nicht. Das ist doch eine wunderbare und sinnvolle Arbeit", erwidert Hanna und Kleinmann lächelt verlegen. „Damit kann ich nicht dienen. Was ich mache, ist eigentlich völlig sinnlos. Ich produziere Töne mit ein paar Pferdehaaren auf vier Drahtseilen über einem Holzkasten. Und im nächsten Augenblick sind sie schon wieder weg, die Töne. Verweht, verschwunden, vergessen."

Kleinmann lacht auf: „Das ist gut, das ist sogar super formuliert: Pferdehaare, Drahtseile, Holzkiste! Ha!"

„Ja, ist doch so! Und nach dem Konzert bleibt nichts. Alles verklungen. Die Zuhörer sagen: schön. Sie gehen anschließend in eine Bar, reden über ihre Familien, ihre Jobs und ihre Autos und betrinken sich. Oder auch nicht, keine Ahnung. C'est ca!", sagt sie und schürzt dabei kokett ihre Lippen.

„Aber Frau Waldau, was Sie mir erzählen ist ein Cocktail aus Fishing-for-compliments und Understatement. Sie sind Kulturschaffende und wissen das! Sie machen, schätze ich, großartige Musik auf hohem Niveau, bereisen fremde Länder, treffen interessante Menschen, sind weltgewandt. Ist das nicht großartig?! Darum beneide ich Sie!"

„Ja, ja, ich weiß. Ich mach's ja auch gerne. Oder besser gesagt: Ich weiß gar nicht mehr, ob ich es gerne mache. Ich kann ja auch nichts anderes. Will auch nichts anderes. Die Frage stelle ich mir gar nicht mehr. Ja, das mit der Kultur stimmt schon, ist aber sehr abgehoben, sehr am Leben vorbei, sehr elitär. Aber da bin ich wie Sie, ich bewahre auch. Ich spiele nichts Neues, nichts Modernes. Heute kann man anscheinend keine

Musik mehr komponieren, die sich mit den alten Meistern messen kann. Das klingt arrogant, aber ich sehe das so. Und wenn ich diesen Mozart, Haydn, Bartók, und wie sie alle heißen, nicht mehr spielen könnte, wäre ich tot."

Sie streicht sich über ihre Finger und lächelt. Kleinmann findet das ein bisschen selbstverliebt. Er würde sie gerne einmal halten, diese Cello-Hände. Sie schaut wieder so und er schaut genauso zurück.

Und dann erzählt sie von dem Schwebezustand nach den Konzerten, von dieser Unwirklichkeit der Bühne, von den immer gleichen Gesprächen mit Kulturdezernenten und Konzertmanagern, von dem Konkurrenzkampf und vom Üben, Üben und nochmals Üben. Da sei kein Platz für Ehemann, Kinder, Familie. Wenn es keine Handys gäbe, hätte sie auch keine Freunde mehr. Nur ihre beste Freundin treffe sie regelmäßig. „Diese Solotourneen machen einen fertig. Mit immer anderen Musikern proben, auftreten und dann ab ins Hotel: Das ist Isolationshaft. Das nervt. Da wäre ich manchmal lieber Statiker", lacht sie und wirft Kleinmann diesen koketten Blick zu.

Er returniert ihn und sagt: "Und da bin ich jetzt ihr Seelennotstopfen?"

„Ja, so gesehen", gibt sie zu.

„Ach wissen Sie, es ist doch schön, wenn ein Notstopfen auf eine Seele trifft, die ein Loch hat, oder?"

„Sind Sie jetzt nicht beleidigt?"

„Nein, mir tut das gut! Sonst liegt meine Seele zuhause auf der Couch und wartet. Und wenn ich dann spät nach Hause komme, ist sie eingeschlafen."

„Das haben Sie schön gesagt!", flüstert sie und schenkt ihm ein ehrliches Lächeln. „Wenn ich noch einmal auf die Welt käme, würde ich ...", sie überlegt einen Moment und fährt fort: „Schreiner werden. Möbel bauen, das fände ich toll."

„Ach, hören Sie auf. Ich weiß doch, was Sie dann bauen würden: ein Cello nach dem anderen. Nichts als Holzkästen mit Drahtseilen drauf!" Beide lachen hell auf vor Vergnügen.

„Ich heiße Guido, vielleicht sollten wir uns ... darf ich dich zu einem Getränk Ihrer, äh, deiner Wahl einladen? Es wäre mir eine echte Freude! So als ... Seelennotstopfen. Wir wär's mit 'nem Du?", stammelt er. Woher Kleinmann den Mut genommen hat, weiß er nicht, aber er grinst über beide Ohren.

„Ich bin Hanna. Das wurde aber auch Zeit! Und ... ich liebe Notstopfen!" Und wieder schaut sie so, dass es Kleinmann ganz anders wird.

So trinken sie Rotwein, erzählen aus ihren Leben, von ihren Träumen und versäumten Gelegenheiten, rücken zusammen, schauen nicht auf die Uhr, trinken mehr Rotwein, bestellen Erdnüsse, sind unvernünftig, lachen viel, sind auch ein bisschen traurig, trinken als letztes einen Calvados, gehen gemeinsam zum Aufzug, steigen auf der gleichen Etage aus, stehen vor ihrer Zimmertür, als Kleinmann sagt:

„Auf eine so berühmte und ach so schöne Cellistin sollte jemand aufpassen, dass sie im Schlaf nicht plötzlich in den Himmel fliegt. Das wäre ein großer Verlust für die Menschheit. Und ich würde mich da gerne als diesen jemand anbieten."

Sie stehen ganz nah beieinander. Er riecht ihr Haar, sieht den Glanz in ihren smaragdgrünen Augen, den Schwung ihrer feuchten Lippen und glaubt, noch nie im Leben eine so schöne Frau gesehen zu haben. Sie schaut in das Indigoblau seiner Augen wie in einen Nachthimmel, findet in seinem Lächeln die Ahnung eines kleinen Jungen, der träumt, und riecht seinen Rotwein-Atem, mit einem Hauch Calvados. Sie streicht ihm durchs Haar, küsst ihn zart auf den Mund und sagt:

„Ach, Guido, lass mal sein. Schön wär's, aber wir machen jetzt mal keinen Quatsch. Und übrigens: Der blasse Streifen auf deinem Ringfinger steht dir nicht. Zieh den Ring drüber."

So schenkt sie ihm ein letztes Lächeln und lässt ihn stehen.

## Wir müssen leider draußen bleiben

Es klopft.

Es klopft an der Tür.

Es klopft an der Tür des alten Bruchsteinhauses.

Die dicken Mauern halten die eisige Kälte des Winters draußen. Das Thermometer zeigt vier Grad unter null.

Es klopft an der Tür des alten Bruchsteinhauses, das ganz einsam an der Landstraße steht, mitten in der Natur am Ufer der Ruhr zwischen Essen-Werden und Kettwig.

Es klopft an der schweren Tür des Hauses, in dem Herr Dr. jur. Arnold Overbeck im behaglich warmen Wohnzimmer sitzt. Er genießt seit drei Jahren seinen Ruhestand, der pensionierte Richter. Kurz vor siebzig macht er noch was her mit seinem gepflegten grauen Haar, seinem noblen Hausrock alter Schule, trotz später Stunde. Es ist 23 Uhr 43.

Und es klopft.

Es klopft und er will es nicht hören, wünscht sich weg, will woanders sein, wo niemand klopft. Nein, er wünscht das Klopfen weg aus seinem Abend, aus seinem Leben. Er will bleiben, wo er ist, nur ohne dieses Klopfen.

Aber es ist da, unüberhörbar.

Jetzt ärgert er sich, dass er sich gegen eine Klingel entschieden hat und für diesen schweren Messingklopfer mit Löwenkopf. Stilvoll fand er es und so urig. Eine Klingel könnte er jetzt einfach abstellen.

Es klopft laut, das liegt an diesem Messingring.

Herr Overbeck hat es sich in seinem hochlehnigen Ohrensessel mit einem Roman – vielleicht Fontane – und einem außerordentlich guten Rotwein vor dem Kamin gemütlich machen wollen, nachdem er noch mit seinem Sohn telefoniert hat, übrigens auch ein Jurist, der auf den Malediven Urlaub macht, mit seiner schönen Julia und der kleinen Jolina, als das Klopfen begann.

Es klopft wieder gegen die Tür mit dem schweren Messingring, der stilgerecht im Maul eines Löwen schwingt.

Er ist froh, dass er im letzten Jahr diese stabile Haustür mit dem breiten Stahlriegel einbauen und die Fenster sichern ließ. Ihm kann nichts passieren. Er kann höchstens in seiner Ruhe gestört werden. Und das ist ja schon schlimm genug. Er hat keine Angst. Er ist bei sich zuhause. Er ist im Recht, der Richter.

Für den Notfall gibt es noch den alten Revolver seines Vaters im Nachttisch.

Es klopft immer lauter gegen diese Panzertür. Erste Rufe nimmt er wahr: „Hilfe, helfen Sie mir!"

Overbeck ist genervt, in seiner Leseruhe gestört und glaubt kein Wort. Er geht zur Tür, schiebt die straff gespannte Scheibengardine vor dem kleinen, vergitterten Kontrollfenster wenige Zentimeter zur Seite und sieht einen jungen Mann im hellen Licht seiner Bewegungsmelder gesteuerten Eingangsbeleuchtung. Er scheint so um die dreißig zu sein, kräftig gebaut, mit schwarzen Augen, dunklen Haaren, üppigem Bart und dem Teint von grünen Oliven.

In Overbecks Gehirn läuft eine Jahrzehnte erprobte, routinierte Rasterfahndung ab:

Südländischer Typ, krimineller Nordafrikaner oder serbo-kroatischer Kosovo-Albaner, früher hieß das Jugoslawe, vielleicht auch Rumäne, Bulgare, Sinti, Roma, früher sagte man einfach Zigeuner, vielleicht auch Araber, Perser, Türke, wahrscheinlich Salafist, alles möglich. Spricht erstaunlich gut Deutsch. Hundert Prozent verdächtig, kaum bedrohlich, solange er draußen bleibt.

Wir müssen leider draußen bleiben, denkt er. Diese Schilder an den Türen von Metzgereien, gibt es die noch?

Seine Leseruhe ist unwiederbringlich dahin. Doch seine missmutige Neugier ist geweckt. Er täuscht erst einmal Abwesenheit vor, merkt aber schnell, dass ihn das Licht durch das Türfenster schon verraten hat.

„Hallo, hören Sie? Ich brauche Hilfe!", hört Overbeck, ohne zu reagieren.

„Hallo, bitte helfen Sie mir. Ich weiß, dass jemand zuhause ist. Sie haben doch die Gardine bewegt."

„Lassen Sie mich in Ruhe!", ruft er durch die Tür.

„Wir brauchen einfach Hilfe!"

„Was heißt jetzt plötzlich: wir? Ich sehe nur eine Person. Und zwar eine, die unbescholtene Bürger belästigt."

„Hören Sie, meine Frau und ich sind mit dem Wagen liegen geblieben. Keine fünfzig Meter von hier. Wir haben vergessen zu tanken."

Wie viele Trickbetrüger, Diebe und Gewalttäter hat Overbeck in seinen fünfunddreißig Jahren als Richter schon vorgeführt und abgeurteilt. Das Letzte, was man ihm vorwerfen könnte, ist Naivität. Er weiß, dass der Mensch schlecht ist. Ob er brav ist oder kriminell wird, ist nur eine Frage seines relativen Wohlstands. Ja, so denkt Overbeck.

Er könnte auch ins Wohnzimmer zurückgehen, an seinen knisternden Kamin, aber das Spiel mit drinnen und draußen vor der Tür reizt ihn.

„Wo ist Ihre Frau, ich kann sie nicht sehen?", fragt er.

„Haben Sie vielleicht einen vollen Benzinkanister? Wir müssen dringend weiter."

Die Stimme des Zwielichtigen klingt verzweifelt, gut gespielt. Die trainieren das ja, die Betrüger- und Bettlerbanden, wie man besonders verzweifelt klingt. Oder sie täuschen Behinderungen vor, dass man denkt, das gibt es ja gar nicht, so täuschend echt sieht das aus. Aber Overbeck lässt sich nicht vorführen. Overbeck ist ein Fuchs, ein alter Hase, kennt alle Tricks.

„Ich will zuerst Ihre Frau sehen", sagt er und fühlt sich wie in einem Krimi.

„Sie sitzt im Auto, ist hochschwanger", kommt es von draußen.

„Ach, das soll ich Ihnen glauben? Sie bedienen doch alle Klischees eines Standardbetrügers. Wissen Sie eigentlich, dass ich Richter bin?", trumpft Overbeck auf.

„Nein, das ist mir auch völlig egal. Bitte, wir sind auf dem Weg zur Klinik in Kupferdreh. Ich habe nicht auf die Tankuhr geachtet, ich Trottel. Ich und besonders meine Frau brauchen Ihre Unterstützung, Ihre Menschlichkeit."

„Wer's glaubt, wird selig. Jetzt erzählen Sie mir nur noch, dass bei Ihrer Frau schon die Fruchtblase geplatzt ist. Ich lach mich tot. Lassen Sie mich endlich in Ruhe", antwortet Overbeck mit allem Nachdruck, wobei er gar nicht will, dass das endet. Er sitzt am längeren Hebel und das tut ihm gut. Das ist Macht.

„Nein, das nicht. Aber, es ist bitterkalt."

Overbeck hat jetzt die kleine Gardine vor dem Fenster in der Tür ganz zur Seite geschoben, sodass beide sich sehen.

„Das ist alles nur ein simpler Trick. Ich rufe jetzt die Polizei!", ruft Overbeck mit Nachdruck.

„Ja, liebend gerne. Genau! Bitte tun Sie das, ja! Rufen Sie einen Krankenwagen für Sarah!" Overbeck sieht die dunklen Augen des Mannes, der hier nicht hingehört, aufleuchten und ist vollkommen irritiert.

„Und wieso haben Sie das noch nicht gemacht, wenn Sie so in Not sind?", fragt Overbeck verwirrt.

„Ich habe vor lauter Aufregung mein Handy vergessen. Das ist unser erstes Kind, wissen Sie?"

„Ich glaube Ihnen kein Wort. Zuerst will ich Ihre Frau sehen. Sonst passiert hier gar nichts."

Overbeck merkt, wie seine Theorie vom Betrugsversuch krimineller Bandenmitglieder mehr und mehr zerbröselt. Aber immer noch sind es Fremde, die hier nichts zu suchen haben.

„Bei dem Wetter, dem Schnee, der glatten Straße? Und was ist, wenn sie fällt?", erwidert dieser Mann.

„Zuerst die Frau! Ich will Ihre Frau sehen", schreit Overbeck durch die Tür.

Er ist ganz außer sich, versteht sich selber nicht, will sich nicht verstehen, will, dass er gehorcht, dieser Störfaktor, will an seiner schwindenden Macht festhalten, sie spüren. Sein Sohn ist so weit weg, obwohl Overbeck ihm sagte, dass er krank und gebrechlich sei. Das liegt an Overbecks Frau. Sie ist im letzten Jahr gegangen, ohne sich von ihm zu verabschieden, aus dem Haus gelaufen, auf dem Gehsteig gestolpert, auf die Straße gefallen, unter die Räder gekommen. Eine Gehsteigplatte stand etwas vor. Das war's dann, unwiderruflich, Ende und aus. Dafür muss doch jemand büßen, warum nicht der Fremde da draußen, warum nicht der?

„Na gut, wenn's sein muss." Die Resignation in der Stimme des Fremden klingt nicht gespielt.

Overbeck zieht sich einen Küchenstuhl an die Haustür, stellt das große Weinglas mit dem guten Roten daneben und wartet auf das, was da kommt.

Ja, und da kommt er, der Dunkelmann mit einer Frau, von ähnlich zwielichtigem Zigeunerdunkel. Sie sieht wirklich ziemlich schwanger aus.

– Na ja, das muss ja nichts heißen –, denkt sich der Richter mit bitterem Grinsen und hat längst einen gewissen mürrischen Spaß an dem Spiel entwickelt, das er für sich ‚wir müssen leider draußen bleiben' getauft hat. Ja, dieses Schild von früher an den Türen von Metzgereien, um Hunde fernzuhalten. Seine Frau blieb ja auch draußen, kam nicht mehr rein, nie mehr.

Ja, Hunde sind sie. Dieses penetrante Betteln, diese Unterwürfigkeit. Und wenn du nicht aufpasst, dann haben sie dich, beißen dir ins Genick oder ins Gesicht. Stand neulich wieder in der Zeitung: Pitbull beißt Dreijährige ins Gesicht. Jolina, ist jetzt auch drei. Um Gottes willen!, geht es Overbeck durch den Kopf.

„Bitte helfen Sie uns, rufen Sie einen Krankenwagen, ich muss dringend in die Klinik, sonst …", ruft diese junge Frau, schaut in das kleine Türfenster und trifft Overbeck mit einem unausweichlichen Blick. Dieser Blick ist so fest, so ehrlich, so verzweifelt und trotzdem noch so schön, dass es ihn schaudert.

„Ich schau mal ..., wo ist denn mein Telefon?",
stammelt er.

„Bitte machen sie doch die Tür auf und lassen meine
Frau in Ihr warmes Haus!"

„Nix da. Ihr Gesindel kommt mir nicht in mein Haus.
Es reicht ja wohl, wenn ich die Feuerwehr anrufe",
erwidert er und spürt seine Scham vor sich selbst.

„Was ist? Sarah hält das hier draußen nicht mehr
aus. Lassen Sie uns endlich rein!"

„Ich finde den Apparat nicht. Wo ist der nur?"

„Sie haben bestimmt ein Festnetz-Telefon mit einer
Ladestation."

„Ja, Sie Klugscheißer."

„An dieser Ladestation ist ein Knopf, der ein Klingel-
signal im Telefon auslöst und Ihnen hilft, das Gerät zu
finden. Bitte, schnell, Sarah geht es wirklich nicht gut."

„Ja, ich hab's." Und nach kurzem Telefonat: „Der
Wagen ist unterwegs."

Overbeck setzt sich auf den Stuhl hinter der Tür,
trinkt einen Schluck von seinem teuren Wein und
fühlt nur Unglück.

Es klopft wieder an die Tür, ganz laut, nicht mehr
bittend, ganz fordernd, ganz verstörend, ganz zerstö-
rend, seine Ruhe, seine Harmonie, seine Idylle. Alles
ganz klein zerhackt im Häcksler der Realität.

Das Klopfen klagt ihn an.

„Lassen Sie uns solange in Ihr Haus! Sarah kann
nicht mehr."

Overbeck sieht diesen Mann seine Frau stützen, die
wohl Sarah heißt. Er sieht den Fremden, der sie kaum
halten kann, er sieht sie zittern, nicht nur wegen der
Kälte.

Overbeck öffnet schließlich die Tür, führt beide ins Wohnzimmer vor den Kamin, geht in die Küche, setzt Wasser auf, für Tee, sucht eine Decke, macht alles, um nur nicht zurück zu müssen, in sein Wohnzimmer, wo zwei Fremde sitzen, denen er nicht in die Augen schauen kann, die er nie hereinlassen wollte und jetzt sind sie drin, in seinem Haus, in seinem Leben. In seiner Schuld.

‚Wir müssen leider draußen bleiben' hat nicht funktioniert.

Sein kümmerlicher Rest an Menschlichkeit hat gewonnen, gegen ihn, den verbitterten alten Richter.

Drei Wochen später bringt der Postbote Overbeck einen Brief. Er öffnet ihn und liest:

Wir laden Sie herzlich ein
zur Taufe unserer Tochter Maria!

Die stolzen und glücklichen Eltern

Yusuf und Sarah Yildirim-Neumann

Er geht nicht hin.

Die Scham ist zu groß.

## Wie in Amsterdam, nur ohne Japaner

Eine Stunde zu war er am Bahnhof, für ihn als Autofahrer ein fremdes Terrain. So selten, wie sein Auto ausfällt, so selten hat er einen Außentermin, aber gerade jetzt ...

Am Automaten zieht Frank eine Fahrkarte: Köln hin und zurück. Viel zu früh ist er auf dem Bahnsteig, noch 43 Minuten Zeit bis zur Einfahrt seines Zuges.

Der Wind pfeift über die Gleise und durch die Haare der Wartenden. Frank zieht den Reißverschluss seiner Jacke zu und schlägt den Kragen hoch, lässt seine Blicke schweifen und genießt die Anonymität. Fremde Frauen an den Gleisen werden Beute seiner Fantasie, schwebend zwischen Wünschen, Klischees und Wirklichkeit:

Zwei alte Frauen pflegen das Ritual ihrer Wiederholungen über Wetter und Fahrplan, wie ein altes Ehepaar.

Eine graue Frau ohne Alter in Bundfaltenhose und rosa Anorak mit Prinz-Eisenherz-Frisur, mager und flachbrüstig, sitzt auf der harten Bank, ein Buch in der Hand, die schmalen Lippen lesen leise mit.

Eine hübsche Frau, fast noch Mädchen, fließend in ihrer Bewegung, wie sie gerade in der Hüfte leicht abknickt und in das Gesicht ihrer Freundin lacht, die das Lächeln kokett zurückwirft, mit schräg geneigtem Kopf auf langem Hals. Zwei Welpen, die Ballerina spielen, oder umgekehrt. Leichtes Leben, charmante Scharmützel, Augenweide.

Eine junge Ordensschwester, blassgesichtig, im grauen Kittelkleid mit schwarzem Häubchen und schwarzem Mantel, blickdichte dunkle Strümpfe und flache Schuhe. Ihr Blick klebt am Boden, in Geduld geübt, mit Jesus verheiratet. Sie kennt den Gehorsam und versucht nie aufzufallen. Demut tut gut. Sie wartet auf das andere Leben. ‚Dann geht's aber rund, Schwester Oberin.' Sie wird es verlernt haben, jetzt schon.

Eine mondäne Erscheinung im offenen Mohair-Mantel mit blutrotem Futter. Auf schwarzen High Heels stehen sie, die Beine, bis zum Himmel. Der fließende Fall ihres Seidenkleides betont den Reiz ihrer Kurven. Blasse Brüste im gewagten Dekolleté. Das Haar schwarz und streng, geschminkte Blässe hinter rotem Mund mit exakter Kontur. Der Blick unter dunklen Wimpern verschleiert Geheimnisse. Unnahbar, gefährlich und beeindruckend schön, aus sicherer Entfernung.

Der Großstadtbahnhof: Die Atmosphäre vibriert voller fremder Leben und Lieben, Trennung und Tränen, Aufbruch und Abschied. Und Frank mittendrin.

Plötzlich sieht er nichts mehr. Kleine, kalte Finger kommen von hinten und nehmen ihm die Sicht. Er schreckt herum, war unvorbereitet. Genauso ahnungslos schaut er in ein Gesicht, das er gut kennt, nur dessen Namen er nicht mehr weiß. Es gehört einer Freundin von früher, Jahrzehnte her. Sie umarmen sich aus unverhoffter Freude, zeigen ihre Überraschung in den üblichen Fragen, ob es denn so was gebe und welch ein Zufall das sei. Jetzt fällt ihm ihr Name wieder ein und seine Verlegenheit weicht. Katharina! Nun freut er sich wirklich. Er schaut sie an: Ihr Lachen ist immer noch jung und findet sich auch in ihren Augen wieder. Ob sie noch Zeit habe auf einen Kaffee? Ja natürlich, eine gute halbe Stunde. Er, eine schlechte …, sie lachen ausgelassen über den kleinen Witz, haken sich ein und schlendern zum Stehimbiss auf dem Bahnsteig.

Wie es ihm und ihr denn so ginge und ergangen sei, Beruf, Familie und hin und her.

„Verheiratet, eine Tochter, wird bald achtzehn", sagt sie.

„Und dein Mann?", fragt er nach.

„Oberarzt im Klinikum, selten zu Hause, lebt sich im Job aus, schon in Ordnung, insgesamt so là-là", ist die Antwort.

Das habe er schon hinter sich, sagt er.

„Was, die Tochter oder den Oberarzt?"

„Die Ehe, du Clown."

„Und wie ist das?"

„Was?"

„So allein?" Ihre Stimme klingt gespielt zerknirscht.

„In meinem Alter, meinst du wohl!"

„Nein, das stimmt nicht, das hast du gesagt. Das käme nie über meine Lippen, ich meinte ..."

Und sie lachen sich wieder in ihre frohen Gesichter.

Wohin sein Zug fahre, will sie wissen. Nach Köln. Er müsse über Verträge verhandeln, vertrete seinen Chef, sei eigentlich Ingenieur und baue Maschinen. Und wohin sie denn unterwegs sei? Sie wolle nach Hannover, Bilder ansehen und vielleicht kaufen. Sie sei Bilder An- und Verkäuferin. Warum sie nicht Galeristin sage? Weil das so versnobt klinge und sie wolle nicht angeberisch sein, jedenfalls nicht bei ihm.

So reden sie und reden, gleichgültig, worüber, Hauptsache, es hört nicht auf. Sie stehen sich gegenüber an diesem Stehtisch im Imbiss und lassen sich nicht los mit ihren Augen, lassen sich nicht gehen.

Er war einmal verliebt in sie, traute sich aber nicht. So blieb es platonisch, aber in der Vertrautheit etwas

Besonderes. Das sagt er ihr jetzt. Und sie wirft den Kopf in den Nacken mit einem erstaunten Lachen.

„Du bist so süß!", meint sie.

Ihr Haar ist immer noch so blond, nicht mehr so lang, aber mit diesem Glanz. Er zahlt den Espresso, sie nimmt seine Hand.

Hand in Hand, ist das schön kitschig, denkt er und lächelt. Sie fragt, warum er lächle, und er sagt es ihr. Ob er wisse, was noch kitschiger ist? Sie zieht ihn heran, hält ihm ihre Lippen entgegen, zum Kuss. Er nimmt ihn an. Der Kuss wird lang und nass und schmeckt so gut. Er bittet sie um noch mehr Kitsch. Sie ist bereit und willig.

Sie halten sich bei den Händen, als er sagt, dass sein Zug längst weg sei. Ja, ihrer sei auch schon durch. Und nun? Sie wisse es nicht. Alles ist offen und sie sind sich sehr nah.

So schlendern sie über den Bahnsteig. An der Hinweistafel „Abfahrt" bleibt sie stehen. Er fragt sie, ob sie nach ihrem nächsten Zug schaut.

„Nicht nach meinem, nach unserem."

„Was?"

„Wir verreisen, und zwar jetzt. Wusstest du das noch nicht?"

„Jetzt weiß ich's ja. Ist ja früh genug."

„Wir fahren nach Amsterdam!", lacht sie, hakt sich bei ihm ein und drückt ihm einen Gute-Laune-Kuss auf die Wange. So steuern sie auf den Fahrkartenschalter zu.

Ihm ist windig zumute, ihr ist flau und beide wissen um die Unmöglichkeit. Aber keiner will dieses Spiel beenden. Es ist so schön.

Frank verlangt zwei einfache Fahrten Erster Klasse nach Amsterdam. Die Frau am Schalter meint, der Zug stehe bereits auf Gleis 7 und fahre in vier Minuten ab.

„Unser Gleis!", ruft Katharina. „Komm!"

Sie rennen durch die Halle hinauf auf den Bahnsteig, erreichen das Gleis und den Zug, finden ein leeres Abteil und lassen sich jubelnd und lachend in die Sitze fallen. Der Zug ruckt an. Das Lachen bremst.

„Was machen wir hier eigentlich, Frank?"

Er habe nicht gedacht, dass sie das ernst meine mit ihrem gemeinsamen Zug. Und sie habe nicht geglaubt, dass er wirklich die Fahrkarten kaufe. Und er habe nie gedacht, dass sie tatsächlich in den Zug einsteige.

„Jetzt sitzen wir in der Patsche!" Frank schaut aus dem Fenster, während er das sagt.

„Ja, das ist die erste fahrende Patsche, die mir über den Bahnsteig geschwappt ist", sagt sie neben ihm. Ihre Blicke treffen sich und beide prusten los, ja, schreien vor Lachen, japsen nach Luft und heulen wie die Schlosshunde vor Spaß.

Unvermittelt unterbricht Frank sein Lachen mit der Frage: „Steigen wir an der nächsten Station wieder aus oder gönnen wir uns einen Tag und eine Nacht in Amsterdam?"

„Ich krieg das hin. Schaffst du das auch?"

„Ja."

Beide sind hektisch, ihre Gesichter fleckig, die Finger flattrig, vor Angst, aus ihrem Traum zu erwachen. Sie suchen nach Handys. Frank stürzt in den Gang, lügt dem Kunden einen Unfall vor, sie bleibt im Abteil und schwindelt ihre Mutter todkrank ins Sterbebett. Sie melde sich wegen neuer Termine. Gleichzeitig drücken sie auf „AUS". Und nichts ist aus, nur ihre Handys.

Sie atmen immer noch schwer, als sie schweigend nebeneinander sitzen und die Bäume vorüberstürzen sehen. Sie haben es geschafft, sie sind in ihrem Bahnhofstraum geblieben. Kuss um Kuss tanken sie einander auf. Ihnen hilft das Geschnäbel und ihr Fingerspiel, so leicht wie Ringeltaubengeflatter. Frei, vogelfrei, Freiwild füreinander.

Er fragt sie, ob sie Amsterdam gut kenne. Er sei erst zweimal da gewesen, lange her. Ja, nein, sie sei nur einmal dort gewesen, vor fünf Jahren erst, mit ihrem Mann. Die Stadt habe sie verzaubert, ihr Mann nicht. Jetzt wolle sie mit dem Richtigen in der richtigen Stadt etwas Richtiges erleben.

Ja, sie wollten Touristen der schlimmsten Sorte spielen, eine billige Kamera kaufen und sich vor Grachten, Brücken und Kirchen von anderen Touristen knipsen lassen, am besten von Japanern. Und am Ende würden sie die Kamera feierlich in einem Kanal versenken. So reden sie. Und sie würden sich immer spüren und halten, an den Händen, in den Armen und am Abend dann lieben in einem feinen, kleinen Hotelzimmer mit Teppichen auf den Tischen, in der Altstadt, an einer Gracht mit Zugbrücke und Hausbooten gelegen. Dann würden sie nobel essen gehen und ... So reden sie weiter und lachen und witzeln und hören gar nicht mehr auf, bis sie einschlafen, erschöpft von der Aufregung ihrer Begegnung und der Freude über die Einigkeit ihrer Wünsche.

Als sie erwachen, kreuzt der Zug langsam über einen breiten Strom paralleler Gleise und Weichen. Sie fahren in den Amsterdamer Hauptbahnhof ein. Auf dem Weg zum Ausgang scherzt und lacht Frank und merkt nicht, dass sie verstimmt ist, bis sie unter der großen Anzeigetafel stehen bleibt.

Was denn mit ihr sei? Sie könne nicht, was sie nicht könne, Amsterdam mit ihm. Wo das Problem sei? Ihr Mann sei da, unsichtbar und schlecht gelaunt, neben ihr, nicht abzuwimmeln.

Frank schaut auf die große Tafel, sieht: Scheveningen, Gleis 14, Abfahrt – ein Blick auf die Uhr – in drei Minuten.

„Komm, wir fahren ans Meer."

Wieder sitzen sie im Abteil eines Zuges. Ihr Kopf lehnt an seiner Schulter, sie weint. Er lässt sie eine Weile. Dann küsst er ihre Wangen trocken und fragt, ob sie zurück wolle. Nein, es gehe schon wieder, dann fahre sie eben mit dem Richtigen ans richtige Meer, antwortet sie mit schiefem Lächeln. „Ist recht." Sie lachen wieder.

In Scheveningen finden sie einen Fahrrad-Verleih. So radeln sie hinaus aus dem Menschengedränge über den Deich am Meer entlang, dann durch die Dünen bis nach Kijkduin. Dort kaufen sie die Kamera. Nur Japaner finden sie nicht. Sie wandern barfuß über den Strand und an den auslaufenden Wellen entlang, liegen in den Dünen und tauschen salzige Küsse.

In Kijkduin finden sie ein Zimmer in einer kleinen Pension am Strand-Boulevard. Von beiden unbemerkt fällt der rote Ball der Sonne ins Meer, während sie sich lieben im Rhythmus der Brandung, die sie hinausträgt, bis sie kein Land mehr sehen.

Nach dem Essen trinken sie Sekt aus hohen Gläsern und auf dem Zimmer dann aus ihren Nabeln und Mündern und ertrinken fast in ihrer Sucht und Gier nacheinander. Sie geben nicht Ruh', bis sie lahm vor

Erschöpfung, geben nicht Ruh', aus Angst vor dem Abschied, geben nicht Ruh', bis nichts mehr geht. Als der Orkan vorüber ist, wissen sie erst, dass es so etwas gibt.

Am nächsten Morgen lachen sie erst noch über ihre schmerzenden Glieder, auf dem Rückweg mit dem Rad nach Scheveningen. Sie haben nicht ein einziges Foto geknipst. Im Zug lacht keiner mehr. Kein Wort fällt mehr zwischen ihnen. Sie sitzen nebeneinander, die Finger ineinander verschränkt. Die Flügel zweier toter Tauben. Ihre Seelen sind verkatert vom Rausch der Lust. Es war eine Überdosis.

Am Bahnhof, wo der Zufall sie zusammenführte, gestern Morgen, gehen sie auseinander. Der Kuss beim Abschied schmeckt nach Scham. Die Sehnsucht ist ohne Zukunft, hat nur noch die Erinnerung. Doch sie wohnt in beiden, so schön, dass sie wehtut.

Auf dem Bahnhofsvorplatz bleibt Frank stehen. Er spürt sein Kinn zittern, dreht sich um und geht den Weg wieder zurück Richtung Gleise. Weder Trauer noch Ohnmacht, sondern Wut lässt sein Kinn zittern.

Du gehst zurück zu deinem Mann, suhlst dich in der Sicherheit deiner Ehe. Ja, dein schlechtes Gewissen wird dir leichte Übelkeit bereiten. Er wird dich trösten mit Salbei-Tee und Umarmungen. Das Vertrauen der Jahre ist stärker als eine Nacht der Leidenschaft, wirst du denken und melancholisch lächeln über das ach so verrückte Leben. Und der Stolz auf deinen Mut wird das schlechte Gewissen überdecken und als einziges Gefühl übrig bleiben. Unsere Begegnung wird vor deinen Augen schrumpfen zur Anekdote der kleinen Verrücktheit, die du nach ein paar Wochen deiner besten Freundin anvertrauen wirst, wieder mit dem stolzen Blick, und nach ein paar Jahren wirst du sie deinem Mann um die Ohren schlagen, wenn du eine Revanche brauchst für seinen Seitensprung mit Schwester Saskia.

Mich wird meine leere Wohnung mit dunklen Fenstern erwarten. Ich werde mit meiner Nase deinen Geruch in meinen Händen suchen und es wird nichts nützen, nichts helfen, nichts lindern.

Jetzt steht Frank wieder auf dem Bahnsteig, dicht hinter Katharina, die auf den Zug nach Hause wartet.

Wenn du mich jetzt spürst, mich in deinem Rücken spürst und dich umdrehst, dann wird alles gut.

Doch sie wendet sich nicht um.

Ein Mann ruft immer wieder: „Hasso, bei Fuß!" Der Riesenschnauzer verweigert den Gehorsam.

Der heranbrausende Zug lässt die Gleise zittern und die Oberleitungen surren. Das Tosen schwillt an. Der Zug ist da, fast.

Hasso, dieser riesige Hund, hetzt über den Bahnsteig, streift schattenhaft Franks Ärmel und prallt aus vollem Lauf, ungebremst, gegen Katharina.

Ihr Körper stürzt auf die Gleise zu, Frank erhascht im Sprung ihr linkes Bein. Kopfüber droht der Fall ins Gleisbett. Er reißt sie ein Stück zurück. Der Arm schlägt hart gegen das Führerhaus. Die schweren Eisenpuffer der Zugmaschine rauschen vorbei. Katharina schreit. Frank schreit. Ihre Schreie bleiben lautlos im Kreischen der Bremsen und Menschen. Und der große Hund bellt.

Katharina liegt halb auf Frank. Er kann ihr Gesicht nicht sehen. Er hat den metallenen Geschmack von

Blut auf der Zunge. Sieht ihr Handgelenk im verdrehten Winkel zum Unterarm, riecht ihr Blut. Spürt, dass sich ihr Brustkorb senkt und hebt, spürt, dass sie lebt. Spürt seine Erleichterung tief in ihm drin.

## Aus der Tiefe des Meeres

Hier war ich schon mal. Vor rund dreißig Jahren. Mit ihr an meiner Seite. Ich wollte ihr all das zeigen. Wir gingen den Schmugglerweg entlang. Deswegen bin ich auch jetzt wieder hier. Wegen dieses Pfades und meiner Erinnerungen.

Wir waren jung und frech, zueinander und zur ganzen Welt. Ich war der gut aussehende, junge Mann, namens Moritz, an der Seite dieser bezaubernden Frau, Charlotte. Wir waren so verliebt, das grenzte schon an Dummheit. Am Anfang zumindest. Hinterher ist man immer klüger.

In der Schlange bei der Essensausgabe in der Mensa lernten Moritz und Charlotte sich kennen, als sie seine Geflügel-Nuggets mit Pommes Frites niedermachte:

„Mmh, Hormon-Hühnchen macht schöne Brüste. Welche Körbchengröße hättest du denn gerne?"

„Und was isst du? Lass mal sehen!", erwiderte Moritz und schaute auf ihren Teller. „Steineichen-Rucola an Pastinaken-Lasagne mit veganem Käse-Imitat. Großartige Alternative."

„Dein Formfleisch-Pseudohuhn besteht zu 60 Prozent aus Panade. Für den Rest sollte man Rezeptpflicht beantragen. Zu Risiken und Nebenwirkungen fragen Sie ihren Kantinenkoch. Guten Appetit."

„Deine Rucola-Strünke werden dir die Magenwände aufreißen. Flechte dir lieber eine Dornenkrone draus. Das tut auch schön weh, ist aber nicht lebensgefährlich", gab er zurück.

Und so kamen sie ins Gespräch. Sie konnten so großartig über ihrer beider kulinarischen Vorlieben herziehen. Sie liebte alles, was aus dem Meer kam, er aß am liebsten Fleischgerichte. Und am allerschönsten war es, sich über die Kinofilmvorlieben des anderen totzulachen. Sie weinte bei Lovestory und er bei Casablanca. Also war es zwangsläufig und unumgänglich, dass sie sich ineinander verliebten.

Nach bestandenen Prüfungen und überstandenen Probezeiten in ihren neuen Jobs fuhren sie zum ersten Mal gemeinsam in den Urlaub in ein kleines Hotel an der Côte de granit rosé in der Bretagne. Sie gingen auf dem Schmugglerpfad die Buchten entlang von Trégastel nach Perros-Guirec. Dort zeigte Moritz Charlotte den Zauber der großen Steine, die Felsformationen aus rosa Granit mit den schwarz glitzernden Sprenkeln, von Sturm und Gezeiten so genial geformt, als habe Henry Moore selbst Hand angelegt. Sie thronten in den kleinen sandigen Buchten, bewacht von den schrägen Kiefern mit den nach Osten gekämmten Kronen. Charlotte verschlug es die Sprache und sie begann zu lachen vor lauter Erstaunen. Moritz lachte mit vor Glück, dass es ihr so gefiel.

Am Abend aßen sie im Restaurant ihres Hotels, sie Fisch, er Fleisch mit all dem, was dazugehört.

Nach fast zwei Wochen ungetrübten Glücks saßen Charlotte und Moritz morgens beim Frühstück und planten den Tag, der vor ihnen lag wie eine aufgeschlagene Speisekarte.

„Die Croissants und das frische Brot sind super, aber dass es immer nur Marmelade oder Honig dazu gibt, ist ziemlich fantasielos, findest du nicht auch?", plauderte Moritz.

„Stimmt. Eben typisches petite déjeuner. Du träumst bestimmt von einer dicken Pfälzer Leberwurst, oder?"

„Ja, aber lieber noch diese luftgetrockneten Würste, die es hier gibt. Saucissons secs heißen die."

„Du und dein Fleisch, du kriegst später mal Gicht", spottete sie. „Dann doch lieber Krebsfleisch mit Aioli auf frischem Baguette. Das wäre was!"

„Du und dein Meeresgetier. Dir wachsen noch Kiemen und Schwimmhäute."

„Du weißt doch gar nicht, was du alles verpasst. Es gibt so leckere ..."

„Ach, lass man."

„Du kannst so stur sein. Lass dich doch mal auf was Neues ein."

„Wenn mir das Gewohnte doch schmeckt."

„Das Gewohnte! Ich halt's nicht aus! Das ist total kleinkariert. Der biedere Spießbürger Moritz Rindler isst immer nur Jägerschnitzel mit Pommes."

„Das stimmt doch gar nicht. Was willst du eigentlich."

„Allein dein Nachname, Rindler. Da ist der Name doch Programm. Warum bist du nicht Metzger geworden. Ich halt's im Kopf nicht aus!"

„Jetzt hör aber mal auf!"

„Stimmt doch! Der Kosmopolit, der intellektuelle Kunstexperte Moritz Rindler ernährt sich wie ein Hinterwäldler, traditionsbewusst und konservativ. Nach dem Motto: Fleisch ist mein Gemüse."

„Jetzt wirst du aber beleidigend. Was soll das jetzt?"

„Ist doch wahr!"

„Und du mit deiner Meerestier-Manie und deinem ewig fischigen Atem. Da hilft auch keine Zahnbürste."

„Mein Atem riecht schlecht, sagst du? Du meinst: Ich stinke nach Fisch?"

„Nein, so hab' ich das doch nicht ..."

„Wir sehen uns!", fauchte sie, stand vom Tisch auf und war verschwunden.

Moritz blieb am Tisch sitzen und fragte sich, was das jetzt gewesen war. Offenbar ihr erster Streit. Nach einer halben Stunde kam Charlotte zurück und setzte sich zu ihm.

„Vertragen wir uns wieder?", fragte sie wie ein Kind.

„Nur, wenn du mich küsst", antwortete Moritz.

„Na gut!"

Sie küsste ihn, er küsste sie, sie küssten sich, als hauchten sie sich neues Leben ein, als retteten sie sich aus der Erstickungsnot ihrer Liebe.

Als sie wieder Luft bekamen, sagte Charlotte, er habe ihr mit dem Schmugglerweg und den tollen Steinen eine große Freude gemacht und sie habe jetzt auch eine Überraschung für ihn. Morgen Abend wolle sie ihn in ein feines Restaurant in Perros-Guirec einladen und sie wolle ihm die Welt der Fischgerichte und Meeresfrüchte näherbringen, indem sie für beide ein Menü zusammenstellte, was sie zusammen genussvoll verspeisen würden. „Was hältst du davon?", endete sie ganz ernst.

Diesen Vorschlag konnte Moritz auf keinen Fall ablehnen, nach dem Streit am Frühstückstisch, ohne sich selbst zum Oberspießer zu stempeln. So stimmte er zu.

Seine kulinarischen Erfahrungen, was Fisch und Meeresgetier anging, beschränkten sich auf Matjesbrötchen, Krabbencocktail und Fischstäbchen.

Am frühen Abend des nächsten Tages machten sich Moritz und Charlotte stadtfein und fuhren mit einem Taxi nach Perros-Guirec.

Moritz fand das alles höchst spannend und war aufgeregt. Er hatte seit Mittag nichts mehr gegessen und spürte schon den Hunger an seine Magenwände klopfen. In freudiger Erwartung schlenderten sie durch die kleine Stadt auf der Suche nach einer passenden Lokalität.

Charlotte wollte nicht in irgendeinem Restaurant essen, auch nicht in einem feinen Etablissement dinieren, nein, sie war auf der Suche nach einem perfekten Gourmettempel, der keine Wünsche unerfüllt ließ.

So schauten sie sich auf der Promenade um, guckten in die Seitengässchen und fragten im Touristenbüro nach. Sie liefen sich die Füße platt. Moritz bekam immer mehr Hunger, wollte etwas essen. Sie wollte dinieren. Na gut, er wollte ihretwegen auch dinieren. Sie wollte im optimalen Preisleistungsverhältnis bei idealem Lokalambiente nicht essen, nein, ein kulinarisches Event erleben. Wie eine Aufführung des Bolschoiballetts sollte es sein, nur eben mit Meerestieren.

„Hab Geduld, mein Schatz! Wenn es nur ums Sattwerden ginge, könnten wir ja die nächste Pommesbude nehmen. Aber es soll doch ein maritimer Gaumenschmaus ersten Ranges werden. Das habe ich dir versprochen", gurrte das ach so fischverliebte Meeresfrüchtchen Charlotte lachmövengleich.

Das hätte sie nicht sagen sollen. Vor Moritz' geistigem Auge schwebte jetzt die Fata Morgana einer grundehrlichen Currywurst mit Pommes-Schranke und vernebelte ihm jeden klaren Gedanken. Sein Hunger krallte sich in den Magen wie die Krallen einer panischen Katze in die Rinde eines Baumes. Er drängelte, sie zögerte, er besänftigte, sie kritisierte, er überließ ihr jegliche Entscheidungsautorität, sie fühlte aber

*Aus der Tiefe des Meeres*

immer noch eine gewisse Ambivalenz. Denn sich für das eine Lokal zu entscheiden, hieße das andere nicht erleben zu dürfen.

Moritz hatte auch vorher schon die Ansätze eines gewissen Perfektionismus bei Charlotte registriert, aber dass sie ihn jetzt so beharrlich, so unerbittlich, ja erbarmungslos hungern, vielleicht sogar in Kürze verhungern ließ, schlug ihm ziemlich aufs Gemüt.

Letztendlich zeigte Charlotte Mitleid und entschied sich für ein hochedles Restaurant im Landhausstil. Als sie da an ihrem Tisch saßen, mit schwerem Leinentuch eingedeckt, mit diversen kristallenen Gläsern geschmückt und die silbernen Bestecke bewunderten, trug sie das stolze Lächeln ihres Triumphes zur Schau.

„Ist das nicht großartig hier, Schatz?!", strahlte sie.

„Ja, wenn wir jetzt noch gute Laune hätten, könnte es ein schöner Abend werden", antwortete Moritz.

„Das wird schon wieder", kämpfte sie tapfer gegen seinen Unmut.

Als er in die Speisekarte schauen wollte, sagte sie, dass sie ja das Menü zusammenstellen wolle und er jetzt einfach nur entspannen könne. Sie nahm die Menükarte, ging zum Oberkellner und führte mit ihm ein angeregtes und ausführliches Gespräch, kam dann zurück und lächelte breit.

„Das Abenteuer kann beginnen!", sagte sie stolz.

Das beruhigte Moritz keineswegs.

Zuerst kam als Aperitif ein Kir Royal. Der schmeckte schon mal. Ein guter Anfang. Oder Ruhe vor dem Sturm?

Nach kurzer Zeit erschien der Oberkellner und öffnete eine Flasche Weißwein, zeigte Moritz das Etikett,

Muscadet stand darauf, ließ ihn kosten, der nickte zufrieden, die Flasche fand im Weinkühler Platz.

Dann kam der erste Gang in Form einer großen ovalen Silberplatte, mit Dingen darauf, die er im Leben noch nicht gesehen hatte und eher als Strandgut bezeichnen würde, statt als etwas Essbares.

Charlotte lächelte nervös. „Keine Angst", beruhigte sie ihn, „ich erkläre dir alles. Das ist eine bretonische Meeresfrüchteplatte mit Strandschnecken, rosa und grauen Krevetten, Langusten, kleinen Krebsen und verschiedenen Muscheln. Ein echtes Erlebnis. Ich zeige dir, wie man das isst."

„Echtes Erlebnis? Ach ja?", rätselte Moritz.

Das ganze Sammelsurium von Schalentierleichen lag auf einem Nest aus schwarz violettem, glitschigem Tang und roch streng nach alten Fischerbooten. Mit spitzen Fingern klaubte Moritz sich von jeder Sorte ein Tierchen auf seinen Teller. Dabei bemerkte er erschrocken: „Die sind ja kalt! Totkalt."

„Beherrsch dich, Moritz. Mach uns nicht den Abend kaputt!", warnte ihn seine Liebste.

So schwieg er und pulte gelehrig, nach dem Vorbild seiner Anleiterin die gummiartigen, kalten Schneckenleiber aus ihren Schalen und verschlang sie mit Todesverachtung, ohne sie zu zerkauen, weil er Angst hatte, dass da vielleicht noch was lebte. Man weiß ja nie. Er spülte großzügig mit dem Muscadet nach, damit alles auch unten blieb und aß gut von dem Brot. Schließlich hatte er ja Hunger.

Bei dem graugrünen, runden Krebs mit dem pickligen Rückenpanzer streikte Moritz und sagte: „Tut mir leid, den kann ich beim besten Willen nicht essen, der hat ja Akne auf dem Rücken."

*Aus der Tiefe des Meeres*

„Du bist unmöglich, Schatz", kommentierte sie und das letzte Wort klang wie ein Schuss. Ansonsten sprach man wenig am Tisch. Beide kämpften mit den Meeresungeheuern.

Als Nächstes servierten sie für jeden eine große Muschelschale mit etwas Überbackenem darin.

„Die Schale sieht aus, als seien hier Pilger unterwegs", meinte Moritz. Langsam entspannte er sich.

„Richtig, Coquilles St. Jacques, überbacken. Probier mal", forderte sie ihn auf.

„Na klar, im Vergleich mit der Tiefsee-Geisterbahn von gerade sieht das ja richtig lecker aus." Und das war es auch, fand er und lobte diese Jakobsmuscheln so überschwänglich, dass Charlotte ihm einen leicht pikierten Blick zuwarf.

„Wieder was falsch gemacht, Chefin?", fragte er gekränkt.

„Ich glaube, du trinkst den Wein zu schnell, Liebling!"

„Ach komm, sei nicht so streng. Ich musste doch irgendwie mit den Meeresmonstern fertig werden. Wir haben Urlaub, entspann dich", versuchte er sich als Friedensengel, goss die Gläser wieder voll und stieß mit ihr an.

Endlich wurde es gemütlich. Sie kamen ins Plaudern und Scherzen. Sie konnten wieder lachen und albern sein.

Als der Hauptgang kam, wurde es wieder ernst. Auf einem Servierwagen rollte ein riesiger Messingtopf heran, aus dem mit einer Mammutsuppenkelle für jeden ein überdimensionierter tiefer Teller gefüllt wurde.

„Das ist ein deftiger bretonischer Meeres-Eintopf mit Seeteufel", erklärte sie ihm lehrerinnenhaft, „Lotte genannt, der in Cidre-Soße mit verschiedenen Fisch- und Muschelarten, Kartoffeln, Gemüse und Speck in Sahnesoße zubereitet ist."

Die sauer-süß-fischig-salzige Duftkomposition hielt Moritz' Nase eher für eine Art olfaktorische Kakofonie und ließ ihn aufspringen.

„Entschuldige, Liebes", bekam er noch heraus, bevor er Richtung Toilette verschwand. Dort atmete er den aufkommenden Würgereiz weg, erfrischte sein Gesicht mit kaltem Wasser und ging zurück ins Lokal.

„Na, geht's wieder?", fragte sie. „War wohl ein bisschen zu viel Wein, was?"

„Daran lag es bestimmt nicht, Schatz!", sagte er etwas blassnasig. „Der Geruch dieser Suppe hat auf einen Alarmknopf in meinem Gehirn gedrückt. Da musste ich mal raus."

Tapfer probierte er das Fischgericht, nahm viel Brot und Butter dazu, wenig Fisch mit noch weniger Soße und dachte: Bald habe ich es geschafft. Was man aus Liebe nicht alles tut.

Als Letztes wurde eine Porzellanschale, gefüllt mit zerstoßenem Eis gebracht, auf dem ein halbes Dutzend schon geöffneter Austern lagen.

Moritz riss vor Schreck die Augen auf und kläffte: „Jetzt ist aber mal langsam gut mit deiner lukullischen Folterkammer. Kannst du nicht mal was Normales ordern."

„Moritz, hör zu, davon musst du nicht essen, wenn es für dich so schlimm ist. Ich bin dir auch nicht böse. Ich dachte nur als Abschluss, das typischste der bretonischen Küche: Austern eben."

„Gut, eine probiere ich. Sollst nicht sagen, ich sei ein Gewohnheitsmensch, ein lukullischer Spießer, ein Gourmet-Banause. Okay! Die eine schaff' ich auch noch! Dann ist aber Schluss. Höchstens noch 'nen Kaffee und 'nen Schnaps."

Todesmutig nahm er eine Auster, beträufelte das glibberige Innenleben mit Zitronensaft, was sich auch prompt krampfartig zusammenzog, und schlürfte die Schale mit lautem Geräusch aus.

„Bravo, Moritz, großartig!", lobte ihn Charlotte und klatschte in die Hände, als habe der kleine Moritz gerade brav sein Bäuerchen gemacht. „Und? Wie hat es geschmeckt?"

Moritz schüttelte sich, goss schnell ein halbes Glas Muscadet hinterher und beschrieb mit lauter Stimme und betontem Sprechduktus, wie ein Theaterschauspieler, sein erstes Austern-Erlebnis:

„Im Geschmack wie in der Konsistenz möchte ich das gerade Gekostete vergleichen mit dem, was ein alter bretonischer Fischer, nach grundtiefem Räuspern an Schleim im Munde sammelt, um es dann ins faulfischige Schmutzwasser des Hafenbeckens zu rotzen. Ein böser Seeteufel hat das herausgefischt und in die Austernschale gefüllt. So hat das geschmeckt!", sagte Moritz mit hämischem Grinsen.

Charlotte sprang auf und rannte Richtung Toiletten, schaffte es aber nicht mehr ganz und übergab dem Schirmständer in der Ecke ein komplettes Viergänge-Meeresfrüchte-Fisch-Menü samt Beilagen, Muscadet und Kir Royal.

Sie blieben nicht mehr lange, tranken auch keinen Kaffee mehr, keinen Schnaps. Charlotte verließ schleunigst das Lokal und Moritz zahlte. Eigentlich war er doch eingeladen.

Ich habe sie wirklich geliebt, damals. Aber es ging nicht. Wir waren dann nicht mehr wirklich lange zusammen. Aber ich erinnere mich immer noch sehr gerne an sie, an die schöne Charlotte, die alles liebte, was aus der Tiefe des Meeres kam. Und alles aß, was schwimmen konnte.

# Der alte Mann und das Mädchen

## 1

In unendlicher Langsamkeit löste sich die Muskelspannung in der knorrigen Hand mit der blassen Haut voller Altersflecken. Das zerlesene Buch verlor kaum merklich den Halt aus den langen Fingern mit den steifen, leicht geröteten Gelenken, kam unweigerlich ins Rutschen, nahm zügig Fahrt auf und fiel mit lautem Knall aufs Parkett. So aus dem Schlaf in seinem Lesesessel geschreckt, stieß er mit dem Ellenbogen gegen das kleine Beistelltischchen, sodass der Rotwein im Glas über den Rand schwappte, den Stiel hinunterlief und eine kleine Pfütze auf dem Intarsienholz hinterließ. Verwirrt schaute Bernhard sich um, bemerkte das kleine Malheur, wischte mit einem Küchentuch den Wein von der Platte und ärgerte sich darüber, dass es ihm so häufig passierte, dieses peinliche greisenhafte Wegdösen beim Lesen.

„Verflucht noch mal. Das kann nicht so weitergehen. Das muss aufhören. Ich gehe langsam vor die Hunde", sagte er mit fester, aber monotoner Stimme zu sich. Er sah auf die Uhr. Es war kurz vor Mitternacht.

Sein Blick streifte die Bilder auf dem schwarzen Flügel. Im roten Rahmen: Wolfgang und Norbert, seine zwei vertrautesten Freunde auf seiner Abschiedsfeier in den Ruhestand, vor drei Jahren. Im silbernen Rahmen: Anna, seine Frau mit 35, noch so jung, schon so lang her. Ohne Spuren von Krebs und Leid und Tod, der sie ihm schließlich gestohlen hatte, vor sieben Jahren. Sie starb mit vor Angst geweiteten runden

Augen, als könne sie es immer noch nicht fassen, dass sie es ist, die da stirbt. Im goldenen Rahmen: seine Tochter Mona, die es schon lange nicht mehr gab. Als sie siebzehn war, entschied ein sehr durstiger Autofahrer, dass es besser sei, Mona zu töten, als Geld für ein Taxi auszugeben. Nein, er erhängte sich nicht in seiner Zelle. Bernhard konnte sich das Bild nie lange ansehen. Ihre Schönheit tat ihm zu weh.

Der schwarze Flügel: Gelegentlich spielte er noch ein paar Jazz-Standards, „As Time Goes By", „Night and Day" oder „How High the Moon". Ihm fiel auf, dass er es immer seltener tat.

Er stand auf, ging zu seinem Schreibtisch, setzte sich und nahm einen Block und seinen alten Schildpatt-Füller, den er immer benutzte, wenn er etwas Wichtiges zu schreiben hatte. Damit hatte er seine Heiratsurkunde unterschrieben, die Anzeige gegen unbekannt aufgesetzt und die Vollmacht für den Bestatter abgezeichnet.

Er teilte das Blatt in drei Spalten und schrieb. Nach einer Viertelstunde las er noch einmal die Bestandsaufnahme seiner Gegenwart:

In der ersten Spalte stand: *Was tue ich?*

*Lesen (wenig Gutes, viel Banales)*
*Wein trinken*
*rauchen*
*Zeitung lesen*
*fernsehen*
*Klavier spielen (immer dasselbe)*
*mit Norbert Billard spielen (jeden 2. Freitag)*

*mit Wolfgang essen gehen (1x im Monat)*
*SAUFEN.*

In der zweiten Spalte: *Was lasse ich?*

*regelmäßig putzen*
*aufräumen*
*mir eine Combo suchen*
*komponieren*
*unter Leute gehen*
*Einladungen annehmen*
*Briefe schreiben*
*lieben.*

Schließlich sah ihn die dritte Spalte an: *Was will ich?*

*reisen (wohin?)*
*einer sinnvollen Tätigkeit nachgehen (Was ist das?)*
*lachen (Wie geht das?)*
*Sterben.*

Sein Blick blieb am letzten Wort hängen. Erschrocken strich er es durch, dreimal. Und er unterstrich dick das Wort „lieben". Darunter schrieb er in großen Buchstaben „LEBEN".

Plötzlich spürte Bernhard, wie ihm die Tränen in die Augen stiegen, über den Rand seiner Lider liefen, an den Wangen hinunter und auf sein Hemd tropften. Er begann zu schluchzen. Während seiner Kehle ein fremder, hoher Ton des Jammers entwich und seine Schultern zuckten und bebten, wunderte er sich über diesen Ausbruch seiner Verzweiflung, als stünde er neben sich. Es war ihm peinlich. Doch das Weinen hatte ihm gutgetan. Er spürte eine große, fast heitere Gelassenheit.

Oben auf einer neuen Seite schrieb er „Lebensplan" als Überschrift. Er war voller Hoffnung. Um sich eine Zigarette anzustecken, griff er nach der Schachtel neben ihm. Doch sie war leer.

„Gut. Erst Zigaretten ziehen, dann Leben planen", sagte Bernhard zu sich selbst und musste lächeln. Er zog sein graues Jackett an, nahm den Schlüssel von der Kommode und verließ das Haus. Auf der anderen Straßenseite, kaum fünfzig Schritte von seiner Haustür entfernt, stand ein Zigarettenautomat. Die Straße war menschenleer, er überquerte sie, ohne nach links oder rechts zu schauen. Ein Motorgeräusch, es nahm zu. Er hatte gerade den Bürgersteig erreicht, da quietschten Reifen bei einer Vollbremsung, schepperte Metallenes, stach ein spitzer Schrei durch die Nacht und die singenden Reifen, die beim Kickstart durchdrehten, hetzten den schwarzen BMW durch die schmale Straße um die nächste Ecke. Alles war vorbei.

Nein, er wandte sich in die Richtung, aus der der Wagen gekommen war, und sah jemanden im Rinnstein liegen und ein Fahrrad mitten auf der Straße. Mit unsicheren Schritten hastete Bernhard die Straße entlang, kniete sich zu dem Menschen im Rinnstein, es war eine Frau. Sie lag auf der Seite, die Knie angezogen und war ganz still.

„Hallo? Hören Sie mich? Können Sie mich verstehen?", sprach er sie an.

„Ja, was ist passiert? Au, mein Arm!" Sie verzog das Gesicht, als sie sich aufstützen wollte.

„Also, ein Auto, von da, aus der Sassnitzer Straße, hat Ihnen die Vorfahrt ..., hat nicht angehalten, einfach abgehauen, das Schwein. Aber ich hab die Nummer. Ja, ich hab die Nummer, hier", und deutete mit dem Finger an seine Schläfe. „Ach so: Können Sie aufstehen oder soll ich einen Krankenwagen ..."

„Nein, ich glaube, es geht schon so. Wenn Sie mir mal ..."

„Ja, aber natürlich, entschuldigen Sie, dass ich nicht gleich ..."

Bernhard half ihr auf. Ihre linke Wange war aufgeschürft, ihre Hände waren schmutzig und blutverschmiert. Durch den Ärmel am linken Ellenbogen sickerte rot das Blut. Sie humpelte an Bernhards Arm bis zu ihrer Haustür, direkt seinem Haus gegenüber.

„Soll ich nicht doch lieber einen Krankenwagen ..."

„Nein, wenn Sie so nett wären und mich in meine Wohnung bringen könnten, das würde schon reichen. Ich glaube, ich bin nicht richtig verletzt."

„Gibt es auch falsch verletzt?", fragte Bernhard erstaunt.

Sie zeigte ein kleines Lächeln. Dann rutschte sie im Hauseingang an der Wand entlang bis auf die Stufe, verbarg das Gesicht in ihren zittrigen Händen und weinte.

„Weinen Sie ruhig, ich bleibe bei Ihnen. Das ist nur der Schock, das geht gleich vorüber", beruhigte er sie und fühlte sich auf einmal sehr sicher. „Ich gehe nur einmal zum Zigarettenautomaten, nur zehn Meter, dann komme ich wieder. Ich passe auf Sie auf. Bin gleich wieder da."

Er zog eine Schachtel und war sofort wieder bei ihr. Sie weinte, er rauchte, sie schwiegen.

Nach einer Weile sagte sie: „Ich glaube, jetzt geht's wieder."

Er half ihr hoch. Sie nahm den Schlüssel aus ihrer Jackentasche, schloss auf und ging auf die rechte Wohnungstür im Parterre zu.

„Wenn Sie sich vielleicht um mein Fahrrad kümmern könnten?", bat sie ihn.

Bernhard holte das Rad von der Fahrbahn weg und stellte es an die Laterne, direkt vor die Tür. Dann drückte er den untersten Klingelknopf. Laura Wegner stand auf dem kleinen Schild. Er betrat den Hausflur und ging durch die angelehnte Tür in die Wohnung.

„Hallo, wo sind Sie?"

„Im Bad, es geht schon, ich komme schon klar. Ich danke Ihnen, melde mich morgen bei Ihnen. Bis dann also. Ziehen Sie bitte die Tür zu. Danke", hörte er durch die Tür.

„Ja, dann ..., ich habe das Kennzeichen, wissen Sie, die Autonummer habe ich mir gemerkt: E-GG 198, wie Ei auf Englisch und eins achtundneunzig, wie ein Preis. Morgen gehe ich zur Polizei, Anzeige erstatten, ja, dieses Schwein, dieses rücksichtslose Arschloch! Entschuldigen Sie meine Ausdrucksweise, aber ist doch wahr. Also, ich geh dann. Bis morgen." Und schon stand er auf der Straße.

Bernhard war ganz aufgebracht. Er konnte jetzt nicht nach Hause gehen, sich in seinen Sessel setzen und den Krimi lesen, als sei nichts passiert. Er steckte sich eine Zigarette an und ging um den Block. Seine Gedanken kreisten um den Fahrer des BMW. Die Erinnerungen an Mona, seine Tochter, kamen wieder hoch. Sein Schritt wurde immer schneller.

„Dieses Schwein, ich werde dafür sorgen, dass der in den Bunker geht, der kommt so leicht nicht davon. Und wenn ich noch ein paar Stundenkilometer dazulüge, der soll das büßen, alle Raser sollen das büßen, alle!", rief er in die Nacht.

Jetzt war er außer Puste von seinem schnellen Schritt und hielt an. Er schämte sich für seinen Wutausbruch und ging langsam zurück nach Hause.

Schließlich lag er im Bett, konnte aber nicht einschlafen.

Wer war das Mädchen, ging es ihm durch den Kopf, hätte ich nicht doch einen Krankenwagen holen sollen, auch um die Verletzungen amtlich festzuhalten, wegen der Anzeige? Es geht hier ja schließlich um Körperverletzung und Fahrerflucht. Wie sah sie eigentlich aus, die Laura Wegner? Ich könnte es nicht sagen. Mittellange Haare, dunkelblond, weiter Rock, Jeansjacke, T-Shirt, das Gesicht? ... keine Ahnung.

Als Bernhard endlich einschlief, schaute schon der neue Tag über den Horizont. Es schien wieder ein schöner Sommertag zu werden, wenn man dem Gezwitscher der Vögel glauben wollte.

## 2

Gegen Mittag wurde Bernhard wach, schaute auf den Wecker und ärgerte sich. Es war schon nach eins und er wollte doch schon viel früher aufgestanden sein, um zur Polizei zu gehen. So raffte er sich auf, duschte, zog sich an und ging, ohne vorher zu frühstücken, gleich los. Zuerst schellte er bei dem Mädchen, doch da rührte sich nichts. Dann öffnete er seine Garage, setzte sich in seinen alten Citroën und fuhr zum Polizeipräsidium.

Am Haupteingang fragte ihn ein junger, dicklicher Polizist mit Teiggesicht hinter der Glasscheibe einer Pförtnerloge, was er denn wünsche.

Er wolle Anzeige erstatten wegen Fahrerflucht.

Er solle sich einen Augenblick gedulden und dort – er wies auf eine Holzbank gegenüber – Platz nehmen.

Besonders freundlich ist dieser Beamte ja nicht gerade, stellte Bernhard für sich fest, sieht auch schon so gelangweilt aus. Der sollte mal wieder Streife laufen, so blass wie der ist, und zu dick ist der auch noch, und das in seinem Alter und dann noch bei der Polizei. Wenn der mal einem Verbrecher hinterherlaufen muss, ist der doch geliefert. Das war früher ..., ach Quatsch, genauso oder noch schlimmer.

Und was wusste er denn schon über die Polizei. Bernhard musste lächeln, über die Albernheit seiner Gedanken. Ja, er konnte sich ganz schnell in etwas hineinsteigern, ganz schnell war er echauffiert über nichts.

Er wurde aufgerufen und in Zimmer 007 geschickt. Da sitzt jetzt Roger Moore: Mein Name ist Bond, James Bond, dachte er noch, als er die Tür öffnete und nahm das Lächeln mit in den Raum.

„Es scheint Ihnen ja viel Spaß zu machen, jemanden anzuzeigen", empfing ihn ein hagerer Mensch in Uniform spitz. „Hauptwachtmeister Steinfeger, bitte setzen."

„Nein, ganz und gar nicht." Bernhards Entspanntheit war sofort verflogen. „Wie kommen Sie darauf?"

„Sie grinsten, als Sie eintraten. Das finde ich höchst seltsam. Bitte setzen", blaffte Steinfeger und wies auf den hölzernen Stuhl.

„Darf ich gleich zur Sache kommen, Sie haben bestimmt noch Wichtigeres zu tun, als sich mit meinem Lächeln zu beschäftigen. Also, gestern Abend ...“

„Name? Vorname? Adresse? Geburtsdatum? Haben Sie einen gültigen Personalausweis dabei? Bitte setzen!“

„Ja, natürlich.“ Bernhard gab ihm den Ausweis und setzte sich.

Die Prozedur war umständlich und geprägt von gegenseitiger Antipathie. Steinfeger hielt sich an die Chronologie seiner Formulare und Bernhard folgte der Chronologie der Ereignisse. Beides kam schlecht überein. Nach der Unterzeichnung der Formulare stand Bernhard auf und wandte sich zur Tür.

„Ich bin noch nicht fertig. Bitte setzen“, zischte Steinfeger. Er wartete, bis Bernhard wieder saß.

„Warum melden Sie den Vorfall und nicht diese Frau Wegner? Allem Anschein nach handelt es sich hier wohl eher um eine Bagatelle.“ Seine Skepsis war unüberhörbar.

„Wie meinen Sie das? Ich habe den Unfall schließlich beobachtet, mit eigenen Augen gesehen. Und vielleicht fühlt sich Frau Wegner noch zu schwach, sie ist ja nun mal verletzt worden und ich habe ihr gesagt, dass ich das heute für sie übernehmen würde. Also, wollen Sie den Mistkerl etwa laufen lassen, nur weil ich statt Frau Wegner ... ich verstehe Ihre Frage überhaupt nicht. Wollen Sie mir irgendetwas unterstellen?“

Bernhard war aufgestanden, war laut geworden, das Zittern des Kinns, der Hände außer Kontrolle.

„Ich unterstelle hier gar nichts. Legen Sie mir nichts Ungesagtes in den Mund. Ich werde Frau Wegner herbestellen und mir Ihre Aussage bestätigen lassen, bevor der Vorgang weiter bearbeitet wird. Denn wir haben es oft genug mit Menschen zu tun, die einfach zu viel Langeweile haben oder einsam sind und sich deswegen Aufmerksamkeit verschaffen wollen. Guten Tag, Herr Wiesenfels." Worte wie Hagelkörner aus verkniffenem Mund.

„Das ist ja ...", setzte Bernhard an, ließ es aber dann sein und hastete aus dem Raum, scherte sich nicht um die offene Tür.

Völlig verstört stand Bernhard vor dem Polizeirevier und wusste nicht, wohin mit seiner Wut. Er begann zu laufen, zu rennen, ein Bein vor das andere, erst ungelenk und wackelig, dann immer sicherer und kräftiger, die Straße lang, ohne zu wissen, wohin. Hinter seiner Stirn flammten Erinnerungen auf wie Blitzlichter, an Mona, an die Angst, an den Notarztwagen, an die Panik, an das Krankenhaus, an das Warten und Hoffen und den Schmerz, an die Polizeibeamten, die Befragungen und die Hilflosigkeit, an die Verhandlung, an die Wut, an die Beerdigung und an die tiefe Verzweiflung und Trauer Annas, von der sie sich nie mehr erholen sollte.

Nach wenigen Hundert Metern blieb er stehen und rang nach Luft. Der Schweiß lief ihm den Rücken hinunter, die Knie zitterten, die Beine und die Lungen brannten. Bedächtig wechselte er die Straßenseite und setzte sich in das erste der wartenden Taxen vor dem Landgericht. Er wollte nur noch nach Hause.

Als er zu Hause ankam und sein Jackett auszog, roch er seinen eigenen Schweiß. Sein Hemd klebte ihm nass am Rücken.

„Ich stinke wie ein alter Penner", schrie er sich vor dem Spiegel ins Gesicht. Er ließ sich in der Küche auf einen Stuhl fallen, fühlte sich völlig kraftlos und leer.

*Der alte Mann und das Mädchen*

Dann riss er sich zusammen, schaffte es sich auszuziehen und unter die Dusche zu gehen.

Im Bademantel saß er schließlich an seinem Schreibtisch und las seine Notizen vom Vorabend.

ICH WERDE DEM MÄDCHEN HELFEN!, schrieb er auf das Blatt unter seine traurige Bestandsaufnahme. Dann rief er die Auskunft an, notierte die Nummer und versuchte es bei dem Mädchen. Doch es meldete sich nur der Anrufbeantworter. Seine Müdigkeit machte sich mit Schmerzen in seinen Gelenken breit. So schleppte er sich ins Schlafzimmer, ließ sich auf sein Bett fallen und schlief augenblicklich ein.

## 3

Es schellte an der Tür, riss ihn aus dem Schlaf. Nur das Licht der Laterne vor seinem Haus schien in sein Zimmer. Er musste lange geschlafen haben. Irritiert blickte er sich um, quälte sich aus dem Bett und eilte zur Tür. Er hatte das Gefühl, dass es wichtig war, zu öffnen.

Als er die Haustür aufschwang, stand das Mädchen vor ihm:

„Guten Abend, Herr ", sie schaute auf sein Türschild, „... Wiesenfels.", dann auf seinen Bademantel. „Wenn ich ungelegen ... ich meine, das hat ja auch Zeit bis morgen ..."

„Nein, nein, kommen Sie herein, setzen Sie sich hier um die Ecke ins Wohnzimmer, ich bin in einer Minute bei Ihnen."

Sie trat ein und er verschwand, jetzt hellwach, im Schlafzimmer, zog sich schnell Hose und Hemd an und ging zu ihr ins Wohnzimmer. Während er sich ordnend durchs graue Haar strich, bot er ihr einen Platz auf dem Sofa an und setzte sich ihr gegenüber in einen Sessel.

Sie lächelte verlegen, reichte ihm eine Flasche Rotwein und sagte: „Ja, die wollte ich gerne mit Ihnen trinken, als Dankeschön für Ihre Hilfe, sozusagen."

„Das ist eine gute Idee. Wir müssen einiges besprechen, glaube ich. Da kann ein guter Schluck nicht schaden."

Das plötzliche Gefühl von Freude ließ ihn breit lächeln. Das Bewusstsein darüber irritierte und beschämte ihn gleichzeitig. Wie behände und schnell er Gläser auf den Tisch stellte und den Wein entkorkte, wunderte nicht nur ihn.

„Entschuldigen Sie, dass ich das jetzt so sage, aber so alt wie ich dachte, sind Sie ja gar nicht."

„Na ja, alles ist relativ", grinste er verschmitzt.

Sie saßen in seiner alten Ledergarnitur im Wohnzimmer und das Mädchen sagte, dass es sich bei ihm bedanken wolle für die Hilfe und die Fürsorge, die er ihr geschenkt habe, und sie alleine gar nicht gewusst hätte, was sie hätte tun sollen, wenn er nicht da gewesen wäre. Sie lebe erst seit Kurzem in der Stadt, ginge zur Uni, wolle Lehrerin werden und kenne noch nicht viele Menschen hier, genau genommen gar keinen. Vor Verlegenheit redete sie sehr schnell und ihre Stimme klang wie Glas.

Sie solle es schon gut sein lassen, es sei doch nur selbstverständlich gewesen, was er getan habe, hätte doch jeder andere auch getan. Er sei heute bei der Polizei gewesen und habe eine Anzeige gegen Unbekannt aufgegeben. Gott sei Dank habe er sich ja das Kennzeichen gemerkt. Der Beamte habe geglaubt, er habe

*Der alte Mann und das Mädchen*

einen einsamen Spinner mit zu viel Langeweile vor sich und er wolle erst ihre Bestätigung, bevor er etwas unternehme. „Dieser Mensch war unmöglich. Ich habe mich unglaublich aufgeregt", endete Bernhard.

„Morgen gehe ich aufs Revier und kläre das", antwortete sie und ihre Stimme war jetzt aus weichem Stoff.

„Ja, das ist wichtig. Es kann doch nicht sein, dass so ein Schwein, Sie entschuldigen meine Ausdrucksweise, dass so einer ungeschoren davonkommt", echauffierte sich Bernhard wieder. Bei diesen Worten war er aufgestanden und lief durchs Zimmer.

„Sie haben ja recht, aber mir ist kaum etwas passiert. Es war ein Schock, aber eigentlich ..., na ja, ein paar Kratzer."

Bernhard betrachtete sie jetzt genauer. Sie hatte die Schürfwunde an der Wange dick überschminkt, sodass sie kaum auffiel. Auch ihre Bewegungen zeugten von keinerlei Verletzungen. Am Knie und am Ellenbogen sah er kleine weiße Verbände. Ihre Figur war zierlich und ihr Gesicht sehr jung und zart.

„So dürfen Sie das nicht sehen. Welche Dreistigkeit steckt dahinter und welche Feigheit! Der fährt Sie um und kümmert sich nicht. Was für ein Menschenbild hat so einer überhaupt?" Bernhard spürte wieder die alten Beklemmungen bei jedem Atemzug.

„Ach, wissen Sie, es gibt Schlimmeres im Leben als das gestern." Sie schaute dabei auf ihre Schuhe.

„Nein, so sehe ich das nicht. Wenn Sie ein wenig Zeit haben, möchte ich Ihnen eine Geschichte erzählen", sagte Bernhard jetzt ruhiger und setzte sich wieder in seinen Sessel.

Sie nickte, er goss die Gläser nach, holte einen Aschenbecher, zündete sich eine Zigarette an, bot ihr auch eine an, sie nahm sie dankend. Beide tranken einen Schluck, er legte ein Bein über das andere und begann zu erzählen.

Er sprach von Mona, seiner Tochter, von dem Unfall und von der versuchten Fahrerflucht, die nicht gelang, weil dieser Mensch zu betrunken war und vom Krankenhaus, der Notoperation, dem Tod seiner Tochter, das Unbegreifliche und von Anna, seiner Frau, die nie darüber hinweg kam, weil man nie darüber hinweg kommen konnte, davon, dass er auch nie einen Tag erlebt hatte, seitdem, ohne daran zu denken, ohne mit sich und allem Frieden geschlossen zu haben, und von dem Krebs, der sich in seine Frau eingenistet hatte, zusammen mit dem Kummer über den Tod der Tochter und von dem Tod seiner Frau und all dem und dem Schmerz, der nie vergeht, der in ihm eine böse Behausung gefunden hat, ein Geiselnehmer seiner Seele, der ihn quält und ihm den Rest seiner Lebensfreude raubt. Und deswegen wolle er, dass der Flüchtige gefunden, gefasst und verurteilt werde. Denn ihr Unfall sei auch seine Geschichte.

Während Bernhard all das erzählte, all das loswurde, nicht zum ersten Mal, aber endlich seit Langem wieder einmal, hatte er mehr als die halbe Flasche Wein getrunken, hatte mehr als fünf Zigaretten geraucht, war aufgestanden und durchs Zimmer gelaufen, hatte sich die Haare gerauft und sich die Finger verknotet, war laut geworden und hatte sich ins Flüstern geflüchtet, hatte aber nicht geweint. Und das Mädchen hatte zugehört, konzentriert und still.

Jetzt saß er da, in sich zusammengesackt und schaute auf seine Hände.

Eine klare Stille erfüllte den Raum.

*Der alte Mann und das Mädchen*

Es war alles gesagt.

Laura stand auf und setzte sich auf Bernhards Schoß. Sie nahm seinen Kopf und drückte ihn sanft an ihre Brust. Er legte seine Arme um ihre Taille, eine Hand auf ihren Rücken. Ganz vorsichtig, wie bei einem Kind, das sich sehr weh getan hat, strich sie ihm über den Kopf. Lange saßen sie so, beide ließen Tränen nicht zu. Es war ein Moment, in dem beide tapfer sein wollten. Und sie waren es.

Schließlich setzte sie sich wieder auf ihren Platz auf dem Sofa und sagte: „Herr Wiesenfels, wie heißen Sie eigentlich mit Vornamen? Ich heiße Laura."

„Bernhard, schrecklich, nicht?", lächelte er verlegen.

„Nein, gar nicht. Schrecklich ist deine Geschichte. Ich möchte jetzt gehen. Darf ich wiederkommen, um dir meine Geschichte zu erzählen?" Und in ihrer Stimme lag ein Kummer, der nicht der seine war.

Sie erhoben und umarmten sich, tauschten ein ernstes Lächeln wie ein Versprechen. Sie nahm es mit über die Straße zu sich nach Hause, ihm blieb es im Raum wie der Duft eines leichten Parfüms.

Bernhard zog sich aus und ging ins Bett. Er lag auf dem Rücken und schaute auf die Lichtspuren der Laterne an seiner Decke. Jetzt durfte er weinen. Aber es tat nicht weh.


## 4

Am nächsten Vormittag hatte sich Bernhard gerade mit seinem Kaffee an den Küchentisch gesetzt, die Zeitung vor sich, als es an der Tür schellte. Es war Laura. Mit einem kleinen Lächeln wünschte sie ihm einen guten Morgen. Am liebsten hätte er sie umarmt, doch seine Verlegenheit stand ihm im Weg.

Sie gehe jetzt zur Polizei, sagte sie, und werde seine Aussage bestätigen. Heute habe sie keine Zeit. Aber morgen Abend wolle sie gerne mit ihm essen gehen. Sie wolle ihn einladen und komme dann so gegen acht, um ihn abzuholen. Ob ihm das recht sei.

Er nickte, räusperte sich, um noch etwas Nettes zu erwidern, aber sie war schon fort. Als er wieder am Küchentisch saß, konnte er sich nicht so recht auf die Zeitung konzentrieren.

Sie hatte etwas von Mona, dachte er. Nicht, dass sie ihr ähnlich sah, nein, aber die Spannung ihres aufrechten Körpers, die Haltung ihrer geraden Schultern, der ernste Blick ihrer dunklen Augen, das leise und seltene Lächeln, wie ein Geschenk ohne Geburtstag.

Was für ein Quatsch. Ich sehe das, was ich sehen will; alles Einbildung, dachte er.

Er nahm seinen Block zur Hand und schrieb auf die Seite mit der Überschrift „Lebensplan" von gestern:

„Laura ist wie der erste milde, freundliche Tag nach dem Winter. Die Sonnenstrahlen vermögen noch nicht zu wärmen, aber sie erwecken die Hoffnung aus dem Winterschlaf. Laura ist wie ein Vorbote des Frühlings."

Sogleich schämte er sich für seine Zeilen, wollte das Blatt vom Block reißen, zögerte, ließ es dann. Ein verlegenes Lächeln huschte über seine Züge. Dann stand er auf, legte eine CD von Chet Baker auf, „Live in Paris", und begann aufzuräumen. Er ordnete Stapel von Büchern, die kreuz und quer im Wohnzimmer herumlagen, zurück in die Regale, stapelte alte Zeitungen vor die Haustür, um sie gleich zum Altpapiercontainer zu bringen, wusch das Geschirr ab, putzte durch die Küche, füllte die Waschmaschine mit schmutziger Wäsche und stellte sie an, packte herumliegende Kleidung in die Schränke im Schlafzimmer, wischte über Tische, Stühle und Arbeitsplatten, befreite den Flügel und die Regale vom alten Staub der Jahre und saugte in der ganzen Wohnung.

Gegen drei Uhr rief der Polizist an, mit dem er tags zuvor das unangenehme Gespräch geführt hatte, und bestätigte ihm Lauras Anzeige. Er habe das mit der Langeweile und der Einsamkeit nicht so gemeint. Manchmal habe ein Polizist auch mal einen schlechten Tag.

„Ja, ist schon in Ordnung", antwortete Bernhard.

Es war aber nicht die steife Entschuldigung des Kommissars, die ihm das Leben so leicht, so froh erscheinen ließ. Erstaunt stellte er fest, dass er seit Jahren das erste Mal wieder richtig gute Laune hatte. So ging er mit ihr auf einen langen Spaziergang um den See. Auf dem Rückweg kaufte er frisches Gemüse, Knoblauch, Baguette, eine Flasche Muscadet und eine Dorade. Gegen Abend kochte er für sich ein köstliches Menü. Es war auch schon lange her, dass es ihm so gut geschmeckt hatte, obwohl er sein Essen allein zu sich genommen hatte. Sorgfältig räumte er die Küche auf und ging dann früh zu Bett. Sofort schlief er ein.

## 5

Am nächsten Morgen klingelte schon um kurz nach acht das Telefon. Es war wieder die Polizei. Herr Steinfeger war kurz angebunden. Bernhard müsse noch einmal erscheinen und eine offizielle Zeugenaussage machen. Fahrer und Wagen seien gefunden, entsprechende Spuren gesichert und es komme wahrscheinlich zu einer Anklage. Ob er um elf im Revier erscheinen könne. Bernhard sagte zu und legte auf.

Er legte sich wieder hin und versuchte noch ein wenig zu schlafen. Aber im Dämmerzustand zwischen Schlafen und Wachen vermischten sich die Bilder von Lauras Unfall mit den aus den Tiefen der Verdrängung an die Oberfläche gespülten Szenarien seiner Familien-Katastrophe:

Monas blass graues Gesicht im Krankenhaus, kaum zu erkennen vor lauter Schläuchen und Verbänden, ihre kraftlose Hand in seiner. Lauras Schrecken in den Augen und das Gesicht, blutverschmiert. Die versteinerte Visage des Täters vor Gericht, ohne jedes Anzeichen von Mitleid, ohne einen noch so hilflosen Versuch der Entschuldigung. Lauras Körper auf dem harten Asphalt der Straße. Annas vor Kummer erstarrte Miene bei der Beerdigung, nach wenigen Wochen um Jahre gealtert. Alles verquirlte zu einem diffusen Brei des Entsetzens.

Bernhard ging unter die Dusche und ließ das heiße Wasser lange auf seinen Körper prasseln, seifte sich zweimal ein und spülte sich ab, wollte sich seine Erinnerungen wie stinkenden Moder vom Köper waschen. Als er aus der Dusche stieg und sich abtrocknete, ging es ihm schon besser.

Dann machte er sich auf zum Revier. Er würde zu Fuß eine dreiviertel Stunde brauchen. Unterwegs würde er in irgendeinem Café etwas frühstücken und die Zeitung durchblättern.

Auf der Wache musste er eine halbe Stunde warten. Ungeduldig rutschte er auf der harten Bank vor dem Vernehmungszimmer hin und her, von missmutigen Blicken des dicken Beamten bewacht.

Herr Steinfeger begrüßte ihn kalt, stellte umständliche Fragen, nahm seine Aussage auf und verschwand im Nebenraum. Nach einer endlosen Viertelstunde betrat er wieder sein Büro mit den Worten:

„Das muss jetzt noch abgetippt und von Ihnen unterschrieben werden. Es dauert nicht lange. Sie können darauf warten. Bernhard wollte schon aufstehen und sich wieder auf die Bank im Vorraum setzen, als Herr Steinfeger fragte: „In welchem Verhältnis stehen Sie eigentlich zu Frau Wegner?"

„Wie meinen Sie das: Verhältnis?"

„Ist die Frage denn so schwer zu beantworten?" Herr Steinfeger lehnte sich vor und fixierte ihn mit arrogantem Blick.

„Ich, wir sind Nachbarn. Sie wohnt im Haus gegenüber. Das habe ich doch gerade schon gesagt, im Verhör." Bernhard war sichtlich verwirrt.

„Das war kein Verhör, nur eine Zeugenaussage. Nein, ich meine, wie stehen Sie zu ihr, in welcher Beziehung?"

„Vor dem Unfall kannte ich sie gar nicht. Ich verstehe den Sinn dieser Frage nicht."

„Warum verunsichert Sie die Frage so? Ich sehe es Ihnen doch an. Haben Sie vergessen etwas zu erwähnen? Haben Sie sie vielleicht vorher schon beobachtet, sie sich vielleicht schon ausgesucht oder sich sogar in sie verguckt? Schließlich ist sie jung und attraktiv, na ja, für manchen Geschmack jedenfalls." Er grinste zweideutig.

„Was wollen Sie damit andeuten?" Bernhard war aufgesprungen und seine Frage war etwas zu laut geraten. „Nichts, gar nichts. Herr Wiesenfels. Nur, Sie wissen ja gar nicht, was ich in meinem Beruf schon alles erlebt habe. Da wird man schon skeptisch. Ein älterer Mann, wenn ich das so sagen darf, und eine junge hübsche Frau. Da legen sich manche schon ins Zeug und legen bei Zeugenaussagen mal 'n Schüppchen mehr drauf. Ist ja verständlich, einerseits."

Aber Bernhard riss sich jetzt zusammen und zischte leise, aber bestimmt: „Herr Steinfeger, ich betrachte dieses Gespräch als beendet und warte draußen auf die Abschrift meiner Aussage, um meine Unterschrift zu leisten. Und wenn ich von Ihnen nur noch einmal die Andeutung einer Unterstellung höre, wende ich mich an Ihren Vorgesetzten. Haben Sie mich verstanden?"

So ging er aus dem Raum, wieder ohne die Tür hinter sich zu schließen. Der Orkan in ihm ließ ihn am ganzen Körper beben. Wie ein Menhir stand er im Vorraum und wartete auf die Abschrift. Nach ewigen Minuten wurde ihm das Papier zur Unterschrift vorgelegt und er verließ das Revier.

So stand Bernhard auf dem Gehweg und wusste nicht, wohin mit seiner Wut. Er schaute auf die Uhr: kurz vor zwölf. Wenige Fußminuten von der Wache entfernt lag das Bürogebäude der Versicherung, für die Norbert arbeitete. Er hatte jetzt Mittagspause. Vielleicht konnte Bernhard ihn ja zu einem gemeinsamen Imbiss überreden. Er hatte Glück und traf ihn direkt vor dem Eingang. Norbert zeigte sich überrascht, war aber mit Bernhards Vorschlag einverstanden. In einem chinesischen Schnellrestaurant konnte er seine ganze

Geschichte und seinen Ärger über diesen Polizisten loswerden.

„Wie heißt dieses Ekelpaket noch mal? Der Einsatzleiter von diesem Haufen ist nämlich ein alter Freund von mir, wir spielen oft Boule zusammen. Wenn dir dieser Kotzbrocken noch mal dumm kommt, sag Bescheid, dann setzen wir uns mal mit Herbert zusammen. So was geht doch gar nicht, was der da macht. Aber jetzt muss ich mal wieder. Wir telefonieren."

Norbert klopfte Bernhard noch mitfühlend auf die Schulter und verschwand. Als Bernhard seine Rechnung bezahlen wollte, sagte der Kellner, sie sei schon beglichen. Dann fuhr er mit dem Bus nach Hause. Erschöpft legte er sich auf das Sofa im Wohnzimmer.

Ich bin ein alter Mann, dachte er noch und schlief ein.

## 6

Die Türglocke ließ ihn aufschrecken. Er setzte sich auf und schaute zum Fenster. Draußen dämmerte es schon. Dann sprang er auf. Ich hab verschlafen, ich Hornochse, verdammt, schoss es ihm durch den Kopf. Er eilte zur Tür, öffnete: Laura, wer sonst.

„Mein Gott, ich Trottel, ich hab mich nur für einen Moment auf die Couch ..., ich wollte gar nicht schlafen, ist mir das unangenehm, ich bin ein alter Mann, wie schrecklich, ich wollte doch noch ..., was machen wir denn jetzt?"

„Vielleicht lässt du mich erst mal rein. Das wäre ja schon mal ein Anfang", grinste Laura.

„Ja, ja, entschuldige."

Bernhard stand im Flur mit hängenden Schultern und wusste nicht weiter.

„Vorschlag: Du springst jetzt unter die Dusche, machst dich frisch und ziehst dir was Nettes an. Aber keine Eile und keine Panik. Ich gehe solange ins Wohnzimmer und schnüffle da ein bisschen herum."

„Gut, ja, gut. Das ist gut", erwiderte Bernhard und zog sich zurück.

Während er duschte, erging er sich in Selbstvorwürfen, was das denn für einen Eindruck mache, die Verabredung zu verschlafen, sie völlig verknittert und verpennt zu empfangen, sie dann an der Tür stehen zu lassen und sie nicht hereinzubitten. Wie heruntergekommen er eigentlich sei.

Eine knappe halbe Stunde später verließen sie das Haus. Sie hakte sich bei ihm ein und sie schlenderten durch den milden und dämmrigen Frühlingsabend.

„Ich möchte dich zum Chinesen einladen. Das ist das einzige Restaurant, das ich kenne, und liegt gleich hier rechts um die Ecke. Ist das in Ordnung?", fragte sie etwas unsicher.

„Also, auch wenn ich schon verschlafen habe und diesen Abend so dumm eingeleitet habe, will ich noch eins draufsetzen und dich bitten, woanders hinzugehen. Ich war heute Mittag schon mit einem Freund bei einem Chinesen. Aber ich kenne ein kleines italienisches Restaurant, auch direkt um die Ecke, nur linksrum. Und von dem weiß ich, dass es gut ist. Da bin ich nämlich mindestens alle vierzehn Tage. Ich weiß, das ist unhöflich und anmaßend, aber wenn ich jetzt zum Chinesen muss, wird der Abend nichts mehr. Entschuldige." Bernhard sah steif geradeaus, mied ihren Blick.

„Einverstanden. Dann bin ich wenigstens nicht schuld, wenn es nicht schmeckt. Aber der ist sicherlich sehr teuer?"

„Nein, es geht. Kennst du dich in der italienischen Küche aus?"

„Nein, nicht wirklich. Die Standardgerichte wie Pizza und Pasta, ja. Aber dann hat es sich auch schon."

„Gut. Dann werde ich dich kulinarisch durch den Abend führen, darf ich?"

„Ja, bitte schön, Monsieur. So gehört es sich schließlich auch. Erwarten Sie etwa von einer Dame, sich um solche Nebensächlichkeiten zu kümmern. Schließlich habe ich nur schön zu sein. Und das ist schon anstrengend genug", näselte sie parfümiert affektiert.

„Aber das beherrschen Sie in Perfektion, ma Chère. Und mit welcher Leichtigkeit Sie diese Bürde der Ästhetik tragen, Chapeau!", spielte Bernhard dieses Spiel weiter.

„Ich hoffe, die Austern sind heute perlenfrei. Neulich wäre ich fast eines Schneidezahnes verlustig gegangen."

„Mon Dieu, quel malheur, quelle catastrophe, kaum auszudenken." Beide sahen sich an und lachten.

Sie erreichten das „Da capo", er hielt ihr die Tür auf, nahm ihr die Jacke ab und schob ihr den Stuhl unter, ganz Kavalier alter Schule. Bevor er sich setzte, sprach er kurz mit dem Chef des Hauses.

Als sie sich gerade an einem Zweiertisch in einer Ecke niedergelassen hatten, erschien Giovanni schon mit der Karte. Er begrüßte sie wie langjährige Freunde. Bernhard stellte ihm Laura als Freundin und Nachbarin vor, die in der italienischen Küche noch nicht recht heimisch sei. Der Maestro sparte nicht an Komplimenten, schlug dann eine gemischte Antipastiplatte vor, anschließend Saltimbocca a la Romana oder die frische Dorade von der Tageskarte an Blattspinat mit Kartoffelgratin. Laura nahm den Fisch und Bernhard das Fleischgericht. Dazu bestellte er einen kühlen Pinot Grigio und als Aperitif einen Prosecco.

Die Getränke ließen nicht auf sich warten und so stießen sie auf den Abend an.

„Mademoiselle, ich bin vor lauter Dank für Ihre Einladung ganz außer mir und spreche ihn hiermit von Herzen aus, den Dank, damit es, das Herz, keinen Kasper kriegt", stelzte Bernhard.

„Es ist an mir, Monsieur, Sie mit meinem Dank zu überhäufen, den Retter meiner wund geschürften Knie und meiner mit Ungerechtigkeit besudelten Seele. Auf Ritter Bernhard, den Retter unscheinbarer Nachbarinnen und Rächer der Verunfallten", flötete sie zurück.

„Sie treiben einem alten Mann die Schamesröte der Verlegenheit ins zerknitterte Antlitz, meine Liebe."

„Damit scheinen Sie gerne zu kokettieren, mit Ihrem biblischen Alter, Monsieur Methusalem. Das ist nur allzu durchsichtiges Fishing-for-Compliments, wie es der Brite gerne nennt."

„Ich gestehe, Sie haben mich entlarvt, Miss Marple. Vor Ihnen ist kein Geheimnis sicher."

„Die Miss Marple habe ich mal überhört. Aber das stimmt nicht. Ich weiß nichts über dich, außer dem Tragischen in deinem Leben. Erzähle von dir. Was machst du, was interessiert dich, was hast du für Freunde?"

Und so erzählte Bernhard während des Essens von seinem Germanistikstudium, dem abgebrochenen Referendariat, von seinen Zeiten als tingelnder Jazzpianist, von seinem Einstieg in den Journalismus als Musikkritiker bei einer kleinen Insider-Zeitschrift, von seiner Arbeit als freier Musikjournalist, später auch für größere Zeitungen und Magazine, angefangen von der WAZ bis hin zum Zeit-Magazin und den renommierten Jazzzeitschrift „Jazzdimensions" in Berlin und „DownBeat" in New York und von den letzten Jahren als wissenschaftlicher Berater in musiksoziologischen Forschungsprojekten an der Uni Bochum, all das garniert mit Anekdoten von Begegnungen mit den Großen des Jazz, wie Klaus Doldinger, Paul Kuhn, Al Jarreau, Jan Garbarek, Jaco Pastorius und, und ... und schließlich dem Größten für Bernhard: Chet Baker, der aus seiner Trompete Melodien aus flüssigem Samt strömen ließ.

Sehr lange hatte er sich nicht so lebendig gefühlt. Und Laura hatte ganz rote Ohren unter dem hochgesteckten Haar und heiße Wangen von all den Geschichten und all dem Wein. Sie sog das Leben aus seinen Erzählungen in sich auf und honorierte dies mit ihrem strahlenden Blick, den sie nicht von ihm abwenden konnte.

„Jetzt kennst du fast meine ganze Lebensgeschichte und von dir weiß ich nichts. Was ist mit dir? Was machst du so?", fragte er gutlaunig.

„Ach, ich bin viel zu jung für solche großen Geschichten. Ich bin erst seit einem halben Jahr in der Stadt, studiere Kunst und Englisch auf Lehramt, will also Lehrerin werden. Ich kenne noch kaum jemanden hier, höchstens eine Handvoll Mitstudenten, mit denen ich mich mal auf einen Wein in einer Kneipe treffe. Das war's. Ich bin im Sauerland aufgewachsen, in Bödefeld, einem kleinen Kaff bei Winterberg. Die Weltstadt Winterberg musst du kennen: London, Paris,

New York, Winterberg. Im Winter die Skimetropole des Hochsauerlandes, das St. Moritz der Holländer."

„Natürlich, ist mir ein Begriff. Aber wie war es bei dir Zuhause? Hast du Geschwister, wie sind deine Eltern, was tun sie so?"

„Du lässt wohl nicht locker, was?", lächelte sie, „Gut, ich hatte dir ja versprochen auch von mir zu erzählen, aber nicht hier. Lass uns zu mir gehen, ich zeig dir ein paar Bilder von Zuhause, Heimatbilder sozusagen."

Sie beglich die Rechnung, die ihr sehr harmlos vorkam und sie verließen, von herzlichen Grüßen des Maestros begleitet, das Restaurant.

Als sie sich wieder bei Bernhard einhakte, sagte sie: „Irgendwas hast du an der Rechnung gedreht. So ein Essen für so wenig Geld, das kann nicht sein. Gib's zu, du Mafioso!"

„Na ja, aber nur ein bisschen."

„Danke!"

Sie küsste ihn auf die Wange. Er strahlte.

Während Laura Gläser aus der Küche holte, den Wein öffnete und eine Schale Nüsse auf den niedrigen Tisch vor dem Sofa stellte, schaute Bernhard sich im Wohnzimmer um. Es war sehr postmodern eingerichtet mit viel Glas und mattgrauen Flächen. Der schwarze, kubische Zweisitzer aus Leder, dazu passend ein kleiner Sessel, davor der Glastisch auf matt gebürsteten Stahlträgern. Im Gegensatz dazu viele Bilder im Stile des abstrakten Expressionismus, kraftvoll, wuchtig und manche fast brutal. Das Zimmer hatte etwas von einem kleinen Museum der Moderne, präsentierte die Bilder gut, war aber ansonsten neutral. Die Ausnahme machte eine Bücherwand um die Tür zum Flur herum, die bis zur Decke reichte, mit viel Durcheinander, aber auch viel Leben.

„Hast du die Bilder gemalt?", wollte Bernhard wissen.

„Ja, warum?"

„So viel Kraft hätte ich dir gar nicht zugetraut. Ich hätte eher kleine vorsichtige Zeichnungen und zarte Aquarelle vermutet."

„Hoch lebe das Vorurteil. Nur weil ich beim Italiener nicht gerade auf dem Tisch getanzt oder Giovanni verführt habe, bin ich eine graue Maus. Und Mäuse malen eben mausgrau. Fertig!"

„Entschuldige, ich wollte dich nicht verletzen." Er blickte auf seine Schuhe.

„Hast du auch nicht", lächelte sie, „viele haben diesen Eindruck von mir. Das ist mir nicht neu, hab mich dran gewöhnt, im Laufe der Jahre. Das ist mein Wesen, glaube ich."

Sie nahm seinen Arm und zog ihn mit sich auf das Sofa. „Und schon sind wir bei meiner Geschichte. Du siehst, ich bin nicht schlank, ich bin dünn, meine Nase ist nicht stupsig, sie ist spitz. Meistens bin ich blass, oft sogar im Sommer. Ich hasse Sonnenbaden, davon kriege ich Allergiepickel und Kopfschmerzen. Schon als Kind war ich eher unauffällig. Das fand ich gar nicht so schlimm, denn ich hatte über viele Jahre Lina, meine beste Freundin, die genau so war. Für uns war das normal. Wir spielten eher ruhige Spiele und erzählten uns Fantasiegeschichten. Und wir malten sehr, sehr gerne. So malten wir unsere Geschichten. Das machten wir am liebsten. Unsere Geschichten malen."

„Hast du sie noch, diese Bilder?"

„Nein, aber dazu komme ich gleich."

So erzählte sie von ihrem Elternhaus in Bödefeld bei Winterberg. Sie war Einzelkind. Der Vater führte die älteste Apotheke im Dorf, saß im Stadtrat, war mit dem Bürgermeister eng befreundet und in der Gemeinde sehr aktiv. Er war der „Willi Wichtig" im Städtchen, kannte jeden, mischte sich überall ein, hatte von allem Ahnung, nur nicht davon, wie es Laura ging. Er half jedem, mehr mit Rat als mit Tat, nur seiner Tochter nicht, wenn sie ihn einmal brauchte. Seine Tochter war die Gemeinde, nicht Laura. Seine Ansprüche an sie waren hoch, seine Strafen hart. Sie musste die beste in der Klasse sein, wenn nicht, gab es Nachhilfe und Stubenarrest, auch Schläge, wenn ihm alles zu viel wurde. Er tat es nicht gern, behauptete er, aber regelmäßig. Ihre Mutter engagierte sich in der Pfarrei, schmückte den Altar, sang im Kirchenchor, leitete das Krippenspiel und war heimlich in den noch recht jungen Pfarrer verliebt, der mit seiner schlanken Gestalt und dem blassen, traurigen Gesicht viel attraktiver war als der eigene Ehemann, der von den vielen Bieren und Schnäpsen bei den Gemeindefesten und Stammtischrunden schon früh fett wurde, das Gesicht großporig und aufgequollen. Auch sie kümmerte sich nicht viel um Laura. Sie funktionierte ja, war ein braves Kind, und wenn einmal nicht, wusste Vater schon, was zu tun war, um sie wieder in die Spur zu bekommen. So wurde Laura immer mehr zum Schatten, der das Licht der Eltern vor der Gemeinde noch mehr zum Strahlen brachte. Sie war dreizehn, als Sven, ein zwei Jahre älterer Junge, in den ihre Freundin Lina unsterblich verliebt war, ihr einen Brief zusteckte. Das bemerkte Lina und tobte vor Wut, sprach von Verrat, Intrige und Enttäuschung und zerriss vor ihren Augen all die schönen Bildergeschichten, ihre gemeinsamen Comics, die Symbole ihrer tiefen Freundschaft. Als Laura das Missverständnis aufklärte – denn der Brief war für ihre Freundin, weil Sven sich nicht traute ihn ihr selbst zu geben – entschuldigte Lina sich unter Tränen. Doch ihre Scham war zu groß, als dass die alte Vertrautheit ihrer Freundschaft zu retten gewesen wäre. Sie verlief im Sande. So war Laura allein. Die anderen Mädchen bekamen Busen und Jungs, mit denen sie gingen. Laura nicht. Sie betranken sich auf Schützenfesten, knutschten auf Partys und hatten Liebeskummer. Laura nicht. Sie wurde immer weniger, war immer weniger da, auch wenn sie dabei war. Sie schien sich aufzulösen, fiel keinem mehr auf, wurde krank.

„Als ich siebzehn war, kam ich ins Krankenhaus. Ich wog nur noch fünfundvierzig Kilo und wollte nicht mehr leben. Jan, der Sohn meines Kunstlehrers, hat mich gerettet. Er päppelte meine Seele wieder auf, er zeigte mir, wer ich war und dass ich was konnte. Er umwarb und küsste mich, er sprach mit mir, malte und schlief mit mir. Ich war verliebt, war glücklich, zum ersten Mal im Leben. Nach einem Jahr war ich gesund und er war ..." Ein hoher gepresster Ton entfuhr ihrer Kehle, das Janken eines Hundes.

Bernhard erschrak: „Mein Gott, was ..."

Laura zitterte und schluchzte. Er nahm sie in den Arm. Sie kletterte auf seinen Schoß, der jaulende Hund, er war so leicht, kaum wirklich da. Und hatte doch so viel Gewicht. Langsam nahm ihr Zittern ab, aber die Tränen flossen in Strömen, spülten ihren Kummer aus der Seele, nässten seinen Hals und sein Hemd und wollten nicht enden. Eine Ewigkeit lang.

Dann wischte Bernhard ihr das Gesicht trocken, küsste sie auf die heiß geweinten Wangen und versuchte es noch einmal:

„War er tot?"

Laura schüttelte den Kopf, schluckte und flüsterte: „Nein, mein Vater kam dahinter und hielt nichts davon. Er sorgte dafür, dass wir uns nicht mehr sahen. So was konnte er."

„Aber das geht doch nicht so einfach. Habt ihr nicht ...?"

„Ach, lass mal, Bernhard, du kennst meinen Vater nicht. So und jetzt Schluss mit den traurigen Geschichten. Der Abend hat so schön angefangen, bis ich mit dieser alten Geschichte ...", sie fand das Ende des Satzes nicht und versuchte ein Lächeln, auch das misslang.

Sie schwiegen.

Sie prosteten sich zu.

Sie tranken Wein und schwiegen.

Bernhard schaute auf seine Hände, als habe er sie gerade erst entdeckt. Laura stand auf und ging ins Bad. Sie wusch sich das Gesicht mit kaltem Wasser, ordnete ihre Frisur und legte ein wenig Lippenstift auf.

„So, alter Mann", sagte sie tapfer, „bevor wir hier vor Betroffenheit versteinern, machen wir was."

„Ja, genau. Wir, wir ..., mh, wir rauchen eine, das entspannt und trinken unsere Gläser aus, das entspannt auch, und dann ...", selten hatte Bernhard sich so einfallslos und lächerlich gefühlt.

„Und dann gehen wir zu dir und du spielst mir etwas auf dem Klavier vor, ja? Kannst du auch singen? Vielleicht singen wir was zusammen, ja?" Ihr Lachen war eher überdreht als gesund.

„Ja, so machen wir's, genau so. Das wäre doch gelacht, wenn wir diesen Abend nicht noch ..." Ja, was denn?

Mit seltsamem Eifer bot er ihr eine Zigarette an, gab ihr Feuer, sie zogen den Rauch tief ein, tranken große Schlucke, rauchten und tranken gierig und langsam, langsam entspannten sie sich.

Als sie sein Haus betraten, gingen sie gleich ins Wohnzimmer zum Klavier. Hier und da lagen noch Sachen herum. Er begann aufzuräumen.

„Ach, lass doch Bernhard, das haben wir doch jetzt nicht mehr nötig."

Dieser Satz tat ihm unendlich gut.

Sie legte ihre Jacke über einen Stuhl, er tat ihr nach, setzte sich ans Klavier und spielte los. Zuerst „Night and Day", dann „Autumn Leaves" und bei „As Time Goes By" begann er zu singen. Sie saß neben ihm, hörte zu, rauchte und summte mit, so gut sie konnte.

Als das Lied ausklang, blickte sie ihn an, lächelte mit den Augen und sagte: „Mein Gott, ist das schön! Wie vielen Frauen hast du damit schon den Kopf verdreht, alter Charmeur?" Sie kam zu ihm, legte eine Hand auf seine Schulter und küsste ihn auf die Wange.

„Wie heißt es so schön? Man müsste Klavier spielen können, wer Klavier spielt hat Glück bei den Frau'n", lachte er geschmeichelt.

„Jetzt spiel was, was ich auch kenne, zum Mitsingen!"

Er probierte es mit „Summertime". Es klappte. Dann „Let It Be" und „Love Me Tender". Sie sangen Gospels und Beatles und Cat Stevens und Elvis, sangen sich die Seele gesund und tauschten Blicke wie Tom Sawyer und Hackleberry Finn oder Bonny und Clyde, also wie dicke alte Freunde.

Als sie genug hatten, holte er eine angebrochene Flasche Rotwein aus der Küche und legte Diana Krall auf, Bar-Jazz für Anfänger.

Sie saßen auf dem alten Ledersofa, tranken Wein und rauchten. Sie hielt seine Hand und er erzählte von seiner Musik, von den Bands und Combos und den Auftritten und den Eskapaden aus seiner Jugend.

Als der Song „Time After Time" erklang, stand er auf, verbeugte sich und sagte: „Darf ich bitten?"

„Nein, ich kann das gar nicht, tanzen war noch nie ..."

Doch er zog sie sanft vom Sofa, nahm sie in seine Arme und sie wiegten sich langsam im Tanz. Schließlich klang die Musik aus und sie standen da, Blick in Blick, Körper an Körper, Atem in Atem. Ihre Lippen fanden sich, erst vorsichtig, dann neugierig und schließlich dem Kuss ergeben.

Im schweigenden Einverständnis, sich immer noch eng in den Armen haltend, erreichten sie das Schlafzimmer, die Bettkante. Sie ließen voneinander, um ihre Kleider abzulegen. Nur eine kleine Nachttischlampe brannte. Doch als Bernhard an seinem nackten, hageren Körper heruntersah, seine knorpeligen, dünnen Beine wahrnahm, mit dieser alten, fleckigen Haut, da wusste er nicht mehr weiter. Er spürte, wie ihn seine Erregung verließ. Sie kam auf ihn zu, schmal, blass und schön, nahm ihn in die Arme, streichelte ihn sanft, küsste ihn auf Mund, Hals und Brust, führte ihn zum Bett. Sein Feuer war wieder da. So erforschten ihre Hände gegenseitig die fremden Körper, die fast zwei Generationen trennten, wie die Lichtjahre zwischen zwei Galaxien. Als sei er gleichzeitig ein Anderer, ein Beobachter neben sich, sah er sich den Arm um ihre

*Der alte Mann und das Mädchen*

Schulter legen, die Hand ihren Rücken hinuntergleiten, die alte fleckige Hand, der sehnig, knorrige Arm, wie der verwachsener Ast eines knorrigen Baumes. Und ihm wurde klar, wie absurd das alles war. Es war vorbei, unwiderruflich.

Laura spürte es, hielt inne, legte ihren Kopf auf seine Brust, ihr linkes Bein angewinkelt auf sein erschlafftes Geschlecht, als wolle sie die Schmach verstecken, seine Schmach, seine Peinlichkeit, sein Versagen, sein Alter.

„Tut mir leid", zwang er sich heraus und starrte an die Decke.

„Ach, Bernhard, ist doch in Ordnung. Es ist doch so schön, dich zu spüren, dir so nah zu sein. Das hatte ich so lange nicht mehr. Muss ja nicht gleich das ganze All explodieren."

„Ja, schön ist's. Und peinlich auch."

„Wir sind schon ziemlich verrückt, was?"

„Wo du recht hast, hast du recht. Ich könnte glatt…"

„Sag jetzt nicht, … dein Vater sein! Mach jetzt nicht alles kaputt!"

Sie löste sich von ihm und drehte sich auf den Rücken.

„Ja, aber wahr ist es doch!"

„Ja, und du ahnst gar nicht, wie wahr das ist."

Zuerst merkte er es nicht, bis sein Blick sich ihr zuwandte und die Tränen sah.

„Ich will nicht schon wieder heulen, ich kann mein eigenes Gejammer nicht mehr hören!", rief sie trotzig.

„Ja, ich wollte, du wärest meine Tochter. Nichts wäre schöner als das."

„Ja, und du mein Vater. So einen Vater habe ich mir immer gewünscht."

„Und was war das gerade, was wir versucht haben?"

„Dann war das gerade wahrscheinlich so was wie ... potenzieller Inzest."

„Was?" In diesem Wort lag seine ganze Bestürzung.

„Ach, Bernhard, das war ein Scherz, vergiss es." Sie konnte schon wieder lachen und kniff ihn in die Seite. „Komm, lach doch mal mit, du alter Griesgram."

Laura stand auf und kam sogleich mit zwei gefüllten Weingläsern, Zigaretten und einem Aschenbecher zurück.

„So, jetzt qualmen wir noch dein Schlafzimmer voll, betrinken uns heftig und schnarchen dann bis zwölf Uhr mittags, okay?"

„High noon, zwölf Uhr mittags. Genau."

„Von 52, mit Gary Cooper und Grace Kelly."

„Was, du kennst den alten Schinken?", fragte Bernhard erstaunt.

„Ja, aber nur, weil wir ihn im Deutschunterricht durchgenommen haben, im Vergleich zu „Lola rennt" mit Franka Potente. Kennst du den denn?"

„Aber klar, auch ohne Deutschunterricht."

„Angeber! Großkotz!! Klugscheißer!!!"

Und sie konnten wieder lachen, die beiden Verlorenen.

Als der letzte Schluck getrunken und alle Zigaretten verraucht waren, schlief Laura in Bernhards Arm ein, den Kopf an seiner Schulter, ein Bein über seine gelegt. Er lag noch lange wach und war glücklich und traurig zugleich.

## 7

Gegen Mittag, es war wirklich kurz vor zwölf, erwachte Bernhard vom Rauschen der Toilettenspülung. Er schlug die Augen auf, als Laura, immer noch nackt, ins Schlafzimmer kam.

„Hallo, Herr Nachbar", sagte sie leichthin, schaute ihn aber nicht an.

Sie war dabei sich anzuziehen, als sie sagte, dass sie sich beeilen müsse. Sie habe versprochen, sich um eins mit einem Kommilitonen zu treffen. Und es sei schon spät.

„Bleib ruhig liegen, ich bin dann mal weg. Es war ein schöner Abend mit dir", sagte sie etwas zu schnell. Sie ließ es nicht zu, dass er ihren Blick einfing.

„Ja, aber willst du nicht ..."

„Nein, ich will nicht frühstücken oder Kaffee, oder so. Wir sehen uns, sind ja schließlich Nachbarn", sagte sie zu forsch.

Aber es klang nicht wie ein Scherz.

Er hörte die Tür ins Schloss fallen.

So kann sie doch nicht einfach gehen. Was ist das für ein Abschied. Nein, ein Abschied soll es ja auch nicht sein, eine kurzzeitige Trennung, nein, ein sich voneinander Verabschieden wegen eines Termins. Abschied, Trennung, ja, das wird es sein. Der schnelle Abgang nach einer erfolglosen Liebesnacht mit einem alten Mann. Der Peinlichkeit bei Tageslicht entfliehen, sich draußen vor der Tür einmal schütteln, sich fragen, was habe ich denn da gemacht, gestern, peinlich grinsen und denken, fuck, das war wohl nichts. Na ja, nett ist er ja, der Alte, aber so was, das lag nur an diesen Unmengen Wein. Jetzt erst mal Abstand gewinnen. Ja, das wird sie denken, so wird sich das anfühlen für sie. Eine versemmelte Liebesnacht mit einem alten Knacker. Was habe ich mir denn eingebildet? Ich Hornochse! Ich verliebter Narr! Ich alter, einsamer, hässlicher Gnom. Suchte den Jungbrunnen, suchte die Jugend, suchte meine Tochter, suchte die glücklichen Jahre. Das kann sie für mich nicht sein, auch wenn sie es wollte. Sie will es ja auch nicht, auch wenn sie gestern ... Ach, ich Eremit, Einsamkeit macht nicht traurig, sie macht verrückt. Ich bin komplett meschugge!

Den letzten Satz hatte er laut geschrien, war aufgesprungen und hatte den vollen, schweren Glasaschenbecher gegen die Tür des dunklen Schrankes geschleudert. Eine tiefe Wunde klaffte im Holz.

So begann Bernhards Tag mit einem Hamsterrad voller sich selbst vernichtender Gedanken, aus dem es kein Entrinnen gab.

Am Abend betrank er sich vorsätzlich, um endlich Ruhe zu finden.


**8**


Am nächsten Abend traf sich Bernhard mit seinem alten Freund Norbert zum Billard. Nach der ersten Runde, bat er seinen Freund um eine Spielpause und schaffte es, ihm von der Nacht mit Laura ausführlich zu erzählen. Während er sein Erlebnis berichtete – gespickt mit Selbstvorwürfen, was für ein hirnverbrannter, alter Narr er sei – musste Norbert zwischendurch immer wieder auflachen.

Er endete: „Was ist denn da in mich gefahren, Norbert? Und wie gehe ich jetzt damit um? Ich will sie nicht verlieren, als Freundin, meine ich, nicht als Geliebte. Das wäre vermessen. Was sagst du dazu?"

„Genieße es, dieses Gefühl, diese Erinnerung. Es tat dir doch gut, oder? Verbuche es als eine schöne Erfahrung, als zärtliche Begegnung. Es hat dich doch angerührt und lebendiger gemacht. Du hast dich wieder gespürt. Es war doch etwas Besonderes. Ich beneide dich darum, du alter Schlawiner. Aber verlange nichts von deiner Laura, wünsche nichts, erwarte nichts. Das würde dich fertig machen. Sei vorsichtig mit dir."

Sie drehten und wendeten noch eine Zeit lang die eine oder andere Möglichkeit. Aber letzten Endes hatte Norbert recht, so fand Bernhard. Sein Freund hatte ihn wieder in die Realität zurückgeholt und seiner Seele gutgetan.

## 9

In den folgenden Tagen war Bernhard unruhig. Er wartete auf ein Zeichen Lauras. Er selbst konnte und wollte sich bei ihr nicht melden. Es hätte aufdringlich gewirkt; der nervende alte Mann, der sich mehr versprochen, sich in wilde Fantasien gesteigert hat. Nein, das wollte er auf keinen Fall.

Bernhard ertappte sich dabei, häufiger als sonst aus dem Fenster zu schauen, mit dem Blick auf ihre Haustür. Er saß auch viel häufiger in der Küche, weil sie zur Straße zugewandt lag. Wenn er etwas zu erledigen hatte, beeilte er sich schnell wieder nach Hause zu kommen, weil sie ja in seiner Abwesenheit hätte anschellen können. Wenn ihm das bewusst wurde, fühlte er sich ganz krank vor Peinlichkeit. Abends war die Einsamkeit kaum noch zu ertragen. Und er ertränkte seinen Kummer in Rotwein.

Nach ungefähr einer Woche, als er gerade sein Haus verließ, sah er einen jungen Mann vor ihrer Tür stehen. Bernhard erstarrte, denn er ahnte, was jetzt geschah: Laura trat aus dem Haus, umarmte den jungen Mann, küsste ihn auf den Mund. Über die Schulter des Mannes blickte sie geradewegs in sein Gesicht. Sie nickte Bernhard zu, mit leichtem Lächeln um die Augen, wandte sich ab und ging Arm in Arm mit ihrem neuen Freund davon.

Bernhard fühlte eine wohlige Trauer in sich.

## Flinke Finger

Ganz nah an ihn heran, ihn streifen, dann der kleine Rempler, eine Hand an seine Schulter, die andere in seine Seitentasche, nur die Ahnung einer Bewegung, ein Lächeln in sein Gesicht, ganz nah, ganz süß, ganz schüchtern. „Verzeihung, das wollte ich nicht, tut mir leid", ein Versehen, aber kokett, gerne noch einmal, so nah, mit diesem Duft, das mögen sie, auch das Parfum, die Herren, ob jung oder alt, ganz egal, Hauptsache reich, die Nähe einer jungen und attraktiven Frau.

Dann den Abstand wiederherstellen, den Abstand des Anstands, ein leichtes Bedauern im Blick als Zugabe, und noch ein Lächeln, weil's heute so gut läuft, ihm das Gleichgewicht zurückgeben, das er gerne verloren hätte für länger, mit ihr in der Horizontalen, der gut situierte Kulturinteressierte und wohlerzogene Ausstellungsbesucher. Sie sind doch alle gleich: im Kopf kultiviert und emanzipiert, in der Hose das reinste Neandertal.

Die Brieftasche in der Hand hinterm Rücken, ein Schatten huscht hinter ihr vorbei, übernimmt die Beute und löst sich auf, in einer dunklen Ecke im Museum Folkwang in Essen. So machen es Nico und Charlie, unauffällig, schnell, professionell.

Die Säle der großen international gefeierten Expressionisten-Ausstellung ‚Im Farbenrausch' sind übervoll. Die Massen schieben sich an den Wänden mit den Bildern der berühmten Maler vorbei. Es ist der letzte lange Freitagabend vor der Schließung der Ausstellung, bis Mitternacht geöffnet. Drei geführte Gruppen mit Museumsexperten sind unterwegs. Sie sprechen in angesteckte kleine Mikrofone. Die Besucher empfangen die Erklärungen mit ihren umgehängten Geräten, hören sie über ihre Kopfhörer. Lauschend stehen manche im Raum, der Wirklichkeit entrückt, schauen auf die Gemälde und sorgen für Staus und Unruhe. Bei dem Besucherandrang ist schon lange nichts mehr von der sonst üblichen musealen Stille zu spüren. Genau die richtige Atmosphäre für Charlie und Nico. Hier fallen sie nicht auf. Und das, was sie tun, fällt auch nicht auf, zumindest nicht sofort. Erst später, wenn die Herren an der Garderobe stehen, wenn sie in ihrem Jackett nach der Brieftasche greifen oder ans Gesäß, wo das Portemonnaie immer steckt, ja dann merken sie es ... zu spät.

Sie sind jung, Mitte zwanzig, und haben sich im ‚Nord' kennengelernt, einer Heavy-Metal-Kneipe in der Essener City, vor drei Jahren bei einem Konzert.

Charlie besitzt nur schwarze Kleidung. Enge Jeans, kurze Röcke, Leggings, Netzstrümpfe, Lackschuhe, Stiefel, Lederjacke kurz, Ledermantel lang, Schals, Unterwäsche, alles schwarz, mit und ohne Spitze. Auch ihre halblange Zottelfrisur: pechschwarz. Schminke: schwarzer Kajal um die Augen, nur die Lippen: blutrot. So verpackt sie ihre zierliche Figur, so liebt sie sich: dämonisch scharf und teuflisch süß.

Nico mag Leder: Hosen, Jacken, Westen, Mäntel, Hüte, alles aus Leder, und weiße Hemden, am liebsten mit Rüschen, wie die Musketiere oder Meat Loaf, sein Idol.

Seit dem Konzert sind sie zusammen, unzertrennlich. Als er seinen Job verlor, beschlossen sie, vom Stehlen zu leben. Sie hatte immer schon gerne geklaut, Klamotten und Kosmetik-Kram, weil es spannend war, nicht weil sie es nötig hatte. Denn sie kommt aus gutem Hause. Eigentlich heißt sie Charlotte. Sie hasst diesen Namen genauso wie ihre Mutter, Journalistin, immer viel zu tun. Die trägt nur Weiß. Ihr ganzes Elternhaus ist weiß: angemalt, bezogen, dekoriert, ideologisiert. New Age. Sie liebt ihren Vater, der nie da ist. Sehnsucht als Urerfahrung. Sie kommt eben aus gutem Hause.

Nico nicht. Seine Eltern sind anders. Haben nichts, können nichts, wollen nichts. Oder nichts mehr. Nicht nur ihr Geld, auch ihre Träume haben sie versoffen.

Nico und Charlie trainierten beinhart, nahmen es ernst und hatten viel Spaß dabei. Ein ganzes Jahr lang beklauten sie Freunde und Feinde, Fremde und Bekannte, manchen gaben sie die Beute zurück, den meisten nicht. Sie fanden sich unbesiegbar: Bonnie & Clyde damals, Nico & Charlie heute. Sie feierten sich mit Sex-and-Drugs-and-Rock'n-Roll vom Schärfsten, eine Nacht und einen Tag und noch eine Nacht lang.

Seitdem verstehen sie sich als Profis und arbeiten auch so.

Charlie, heute im schwarzen Minirock und Netzstrümpfen auf Lack-High-Heels, natürlich auch geklaut, im schwarzen T-Shirt unter abgewetztem Biker-Leder ganz Designer-Punk, hat sich das nächste Opfer ausgeguckt. Ein Mann um die Siebzig, weißes, gewelltes Haar, schwarzer Zweireiher mit weißem Hemd und schwarzer Fliege, Stock mit Elfenbeinknauf, am Arm einer gepflegten Frau Anfang vierzig, wahrscheinlich die Tochter. Ein schneller Blick zu Nico sagt ihm, dass er gebraucht wird. Er schlendert aus einer anderen

Ecke des Saals herbei und stellt sich hinter die Tochter aus gutem Hause.

„Ist das nicht großartig!", spricht er sie an, „dieser Kandinsky, wie das Blau von innen heraus leuchtet. Für mich das schönste Bild der ganzen Ausstellung."

Die Frau wendet sich ihm zu, sieht in das junge Gesicht mit den vor Begeisterung strahlenden Augen und dem Lächeln, in das sie sich am liebsten sofort hineinlegen würde und erwidert: „Ja, das ist auch einer meiner Favoriten, junger Mann."

Sie bleibt stehen bei diesem Mann, lässt sich fangen von seinem Blick, gönnt sich den Moment der Begehrlichkeit. Ihr Vater geht weiter. Charlie ist sofort bei ihm:

„Was sagen Sie?", auf das Bild weisend, „grandios, oder?", dabei der Hauch einer Berührung.

„Ja, Sie sagen es!", seine Antwort mit erstauntem Blick.

„Manchmal macht Kunst Menschen glücklich", lächelt sie, küsst den alten Herrn vogelleicht auf die Wange und wendet sich ab.

„Ja, wie recht Sie haben, einen schönen Abend wünsche ich Ihnen, junges Fräulein", strahlt der Alte zurück und wendet sich gleich an seine Tochter. Beide angenehm verwirrt.

Nico ist hinter Charlie, übernimmt die Beute, achtet auf Abstand, schlendert aus dem Saal zur Toilette. Heute läuft es ja ausgezeichnet. Aber langsam ist es genug, denkt er. Wie oft ich heute schon auf diesem Klo war, das muss bald mal auffallen. Und doch muss er grinsen. Die reichen Säcke werden sich wundern. Er räumt die Börse leer und steckt sie ganz nach unten in den Behälter für die gebrauchten Papierhandtücher. Er zieht die Handschuhe aus, geht zurück in die Ausstellung und findet Charlie mit seinem Blick. Kurzes Flattern mit den Fingern als Zeichen für: Abflug. Genug für heute. Die Säle werden auch langsam leerer, es ist schon elf Uhr durch.

Stefan steht still. Seit einer Stunde auf dem gleichen Fleck in Saal 2. Vorher stand er im Saal 3, zwei Stunden. Seit neun Stunden ist er schon da, heute. Er ist groß und breit und etwas dicklich um die Hüften, aber nicht fett. Seit er den Security-Job hat, geht er regelmäßig in die Muckibude. Hat schon knapp zehn Kilo runter und endlich ein paar Muskeln zum Vorzeigen. Und das tut er gern, bei den Mädels. Kommt trotzdem nicht gut an bei denen, weiß nie, was er sagen soll. Er hat eine dunkelblaue Uniform an und passt auf, dass niemand zu nah an die Bilder geht. Dann schreitet er ein. Dann wird er streng. Das kann er gut. Wenn er auch sonst nicht viel kann. Die Bilder sind ihm egal: „Buntes Gekleckse aus Öl is dat." Er versteht nicht viel, der Stefan. „Wieso dat Kunst is un dannoch so teuer", versteht er erst recht nicht. Er steht auf seinen Pirelli-Kalender zuhause, da sind Kurven drauf, Mann-o-Mann. Das ist seine Kunst.

„Die kleine Schwarze da, in dem kurzen Rock, Mann, ist der kurz, die soll sich doch mal bücken, nur 'n bisschen. Machtse nich, scheiße. Ob die watt drunter anhat, so frech, wie die aussieht. Klein isse, aber Beine bis … wer weiß wohin. Die ihre Möpse könnten ruhig 'n bisschen größer sein", denkt er. Stefan liebt dicke Titten. „Die kleine Schwatte is aber schon lange da", als er in Saal 3 war auch schon. „Die geht nicht wie die andern inner Schlange schön die Bilder entlang. Die hüppt durch die Gegend, so wie die selber will. Soweit kommt dat noch. Watt is denn da los? Da schubst die doch den Alten da. Hat die da watt in der Hand? Nee, doch nich. Und der junge Schnösel da? Hat der nicht gerade ...? Wo isser denn gezz?"

Das geht Stefan alles zu schnell. Doch jetzt ist er ganz wach. Eine Diebin fangen, das wäre doch mal was. Dann wäre er mal der Held.

Stefan löst sich von seinem Posten neben dem Durchgang zu Saal 1, spannt seinen trainierten Körper an, zieht seine Uniformjacke straff und geht von hinten auf Charlie zu. Sie hat gerade Nicos Abflug-Zeichen gesehen und ihm zugenickt. Jetzt spürt sie, dass etwas nicht stimmt, dreht sich um, sieht den Mann in Uniform, der sie anblickt, beschleunigt ihren Schritt, schaut nicht zurück. Er bleibt ihr auf den Fersen. Sie biegt plötzlich ab, hastet durch die Eingangshalle in Richtung Garderobe und Toiletten. Er hat sie aus den Augen verloren, für Sekunden, findet sie wieder hinter der Info-Insel. Sie stakst in den Gang zu den Toiletten. Er grinst, weil er weiß: Sackgasse. Jetzt hat er sie.

Nico schlendert noch in den Museumsshop, dreht sich um, sieht Charlie Richtung Toilette hetzen. Die muss aber dringend, denkt er lächelnd. Den Wachmann sieht er nicht. Er verlässt das Museum und wartet an der Straßenecke auf sie.

Charlie huscht in eine Kabine, verriegelt die Tür, setzt sich auf den Klodeckel und wartet.

„Hier traut der sich nicht rein, darf der gar nicht. Der kann mich mal, was will der denn, kann mir eh nix beweisen, das Arschloch", denkt sie. Die Beruhigungsversuche sind vergeblich. Ihre Hände sind zappelig. Der Schweiß auf ihrer Stirn ist kalt.

Stefan versucht nachzudenken: „Wenn ich da gezz rein geh und die da raushol, watt dann? Ich muss ja beweisen könn'n, dat die geklaut hat, sonst krieg ich Scheiß-Stress. Weil, so einfach aufs Damenklo und dann noch sonne Behauptung wegen Diebstahl und so. Aber die lass' ich da ja gezz nich raus. Ha! Die gehört mir!"

Dann hat Stefan einmal im Leben eine Idee: Er geht hinter die Garderobentheke, sucht und findet das Schild für Notfälle mit der Aufschrift „Außer Betrieb". Auf der Rückseite haften noch Klebe-Pads. Damit heftet er das Blatt an die Tür der Damentoilette und stellt sich in den Gang.

Die Ausstellung leert sich. Zwei Frauen steuern die Toilette an, sehen das Schild, sagen etwas von Überlastung, an ihre Grenzen gekommen und Toilette im Museumscafé und drehen ab.

Charlie ist völlig verunsichert: „Warum kommt der jetzt nicht rein? Der kam doch so straight auf mich zu, dass ... Was mache ich jetzt? Wie lange sitze ich hier schon? Ich gehe jetzt raus! Nein, noch fünf Minuten, dann ist er ja vielleicht weg, dann kommt der nicht mehr. Der hat doch gemerkt, dass er mir nichts nachweisen kann. Der blamiert sich doch nur, wenn er ...

Jetzt reiß dich zusammen, Charlie", sagt sie sich.

Die Garderobenfrauen verabschieden sich von Stefan. Er sieht, wie die Kolleginnen den Kassen- und Info-Bereich verlassen.

Charlie will aufstehen und endlich die Toilette verlassen, kann aber nicht. Die Angst hält sie fest.

Der Chef der Security kommt auf den Wachmann zu: „Du kannst auch gehen, Stefan. Ich schließe ab."

„Nee, lass man, Horst, da is noch 'ne Frau drin, der is schlecht geworden, aber die kommt gleich raus, geht schon wieder, hat se gesacht. Deswegen dat Schild. Ich warte noch. Kannse mir den Schlüssel geben. Ich mach zu und du gehs' schomma. Hab ja oft genug den Laden dicht gemacht, weiß, wie's geht."

„Okay, hier die Schlüssel. Alles abschließen und durch die Fluchttür raus. Weißt ja Bescheid. Gute Nacht."

„Gute Nacht, Horst." Stefan nimmt das dicke, schwere Schlüsselbund und grinst breit vor lauter Vorfreude. Als sein Kollege Richtung Ausgang geht, nimmt er den Generalschlüssel und sperrt die Damentoilette ab. Dann geht er durch alle Säle – keiner mehr da – und schließlich zum Haupteingang, sperrt ihn zu.

Charlie hat ein paar Mal tief durchgeatmet, zu sich selbst gesagt: „Stell dich nicht so an, bist doch sonst so taff!" Als sie die Kabine verlässt, hört sie das Schließgeräusch an der Tür zur Damentoilette. Sie rennt zur Tür, rüttelt an der Klinke: nichts, zu, dicht, basta!

„Du dummes Arschloch, mach die Tür auf! Warte, wenn ich hier rauskomme, ich ... ich ... ich verklag' dich wegen Freiheitsberaubung!", brüllt sie.

Die Angst ist verflogen, die Wut hat sie überholt.

Nico schaut auf die Uhr in seinem Handy: 00:21. So lange braucht doch kein Mensch auf dem Klo. Wo bleibt die nur? Sie müsste doch schon längst aus dem Laden raus sein. Er drückt die Kurzwahl ihrer Nummer. Nur ihre Mailbox meldet sich.

In der einsamen Handtasche am Garderobenhaken Nummer 243 meldet sich ein Handy mit dem sonoren Klingelton der alten amerikanischen Krimis. Stefan hört es und erschrickt. Er findet das Handy, drückt den Anruf weg und steckt es ein. Als er sich der Toilette zuwendet, hört er lautes Scheppern.

„Watt macht die denn da drin. Reißt wohl alles ab, oder watt?! Dat wird gezz wohl ein Ende haben", sagt er zu sich und schließt die Tür auf.

Charlie hat den metallenen Handtuchspender aus der Wand gerissen und hält ihn hoch über den Kopf, als die Tür aufgeht. Erstaunt lässt sie ihre Arme sinken und starrt Stefan an.

„Na endlich!", schimpft sie. „Sie können mich doch nicht hier auf der Toilette einsperren. Sie spinnen wohl. Das ist Freiheitsberaubung. Das wird ein Nachspiel haben!"

„So, junge Frau, Sie kommen jetzt erst mal mit in mein Büro, damit ..."

„Einen Teufel werd' ich tun, Wachmännchen", erwidert sie, schreitet zur Garderobe, nimmt ihre Handtasche vom Haken und will an Stefan vorbei zum Ausgang. Der packt sie fest am Arm und hart im Genick, schlägt ihren Kopf gegen die Wand, zack, wie routiniert, und zischt: „Du tus', watt ich sach, kapiert!"

„Au, scheiße, mein Kopf!"

Sie fasst sich mit der freien Hand an die Schläfe, fühlt, riecht, sieht Blut. Ihr Schädel dröhnt. Schwarze Punkte flirren durch ihr Gesichtsfeld. Charlie spürt jetzt, dass es ernst wird. Aber ihre Wut hält sie aufrecht.

„Ja, schon gut, schon gut. Nicht so fest, mein Arm!"

Stefan öffnet eine Tür hinter dem Eingangsbereich und sie betreten einen Personalraum mit einem nackten Resopaltisch und vier Stühlen, einer Küchenzeile, einer Reihe von Spinden und einem alten fleckigen Ledersofa unter kaltem Neonlicht. Er schließt die Tür ab, lässt das Schlüsselbund stecken. Charlie setzt sich an den Tisch, mit ängstlichem Blick auf die Couch. Dann wühlt sie in ihrer Handtasche.

„Du suchst wohl das hier", grinst Stefan und zeigt ihr das Handy. „Wills' du's haben?" Er streckt es ihr entgegen. Sie springt auf, greift danach. Er zieht es weg, packt sie hart an der Gurgel, drückt sie gegen die Wand und sagt ganz nah vor ihrem Gesicht: „Jetzt sachse mir, wie man dat Ding am Laufen kricht und dann schreib 'n wer dein 'm Freund ma 'ne schöne SMS."

Feine Spucketröpfchen treffen dabei ihr Gesicht. Sie unterdrückt den Brechreiz. Ihre Angst erkennt den Ernst der Lage und übernimmt das Ruder. Gehorsam entsperrt sie ihr Handy und gibt es ihm zurück. Er findet die weggedrückte Nachricht von vorhin und schickt an die gleiche Nummer die SMS:

*Son scheriff hat mich so komisch angekukt*
*bin darum hintenraus*
*fahr nachause treffen uns da*
*dein ...*

„Wie nennt dich dein Stecher? Mausi, Hasi, Titti, Muschi oder wie?", will Stefan wissen.

„Warum wollen Sie ...", eine Idee blitzt in ihr auf, „Schatzi, ganz normal", sagt Charlie. Das muss Nico merken, denkt sie.

... *schazzi*, ergänzt er, schickt die SMS ab und steckt das Handy in seine Uniformjacke.

Dann geht er zum Kühlschrank, findet eine angebrochene Flasche Asti Spumante, holt zwei Gläser aus dem Hängeschrank und gießt ein.

„So, gezz ma zu uns, kleine Maus. Gezz machen wer uns dat ma ganz gesellich hier."

Sein Grinsen klebt wie Rotze in den Mundwinkeln. Charlie wird schlecht vor Angst.

Als Nico die Nachricht erreicht, ist er gerade dabei, den Museumskomplex zu umlaufen, auf der Suche nach Charlie. Er liest die Botschaft und flucht: „Was soll denn der Scheiß? Ich warte hier, mach mir Sorgen. Und sie fährt einfach nach Hause."

Dann steckt er das Handy weg und macht sich auf den Weg zum Hauptbahnhof, um die letzte U-Bahn zu erwischen.

„Prost, auf eine heiße Nacht, Baby!", ruft Stefan und hält ihr sein Glas entgegen.

„Prost", flüstert Charlie und stößt mit ihm an. Der süße Sekt klebt ihr im Hals. Er stürzt alles auf einmal hinunter und genehmigt sich sofort noch ein Glas. Er braucht Mut.

„Ich weiß, dat du mit dein'm Freund hier Leute beklaut has'. Brauchs' dat gar nich abzustreiten, dat is gezz Fakt. Also, als Ausgleich sozusagen für die quasi kriminelle Handlung machen wir hier auffe Couch gezz gleich ma so bisken ... ficki, ficki ... du weißt schon. Du bist also quasi, ... wie soll ich sagen ... meine ... geile ... Beute! Deine Beine, dein Arsch und dann noch Diebin, verstehsse endlich: meine geile Beute, meine geile Beute!", schreit er, haut sich auf die Schenkel, schüttelt sich vor Lachen, kriegt sich kaum noch ein, bemerkt die fehlende Resonanz und tut beleidigt. „Alles klar? Danach lass ich dich raus."

Mit diesen Worten zieht sich Stefan seine Uniformjacke aus, öffnet den Gürtel seiner Hose und setzt sich breitbeinig auf die alte Couch, beide Arme auf die Rückenlehne gelegt. „Na komm, kleine Maus!"

Nico versteht das alles nicht. Er grübelt: „Auch wenn Charlie zum Hintereingang rausgegangen ist, warum kommt sie nicht zu mir oder ruft mich direkt an und sagt, wo sie ist?"

Auf halbem Weg zum Bahnhof holt er noch einmal das Handy heraus und liest die Nachricht genauer.

„Was ist das überhaupt für ein Text? Noch nie hat sie so viel falsch geschrieben, da stimmt was nicht, und ich nenne sie auch nie Schatzi, das ist ja voll daneben. Das hat sie gar nicht geschrieben, das ist nicht von ihr... scheiße, ich muss zurück!" Nico dreht um und rennt los.

Stocksteif bleibt Charlie auf ihrem Stuhl sitzen, die Knie fest zusammengepresst, die Hände an den Sitz geklammert, die Augen weit aufgerissen, den Blick auf den Boden gerichtet.

„Nein, das mache ich nicht, nie, und wenn ich sterbe, mit dem Ekel, nie, das kann er nicht verlangen, das kann alles nicht sein, bitte nicht, Hilfe ..., bitte, Nico, hilf mir ..., Nico, wo bist du? Nico bitte ...", rast es durch ihre Gedanken.

„Hierher, du Schlampe!", hört sie ihn brüllen.

„Nein, bitte nicht! Sie können Geld haben, wir haben viel Geld zuhause, wir können Nico anrufen, der bringt es dann ..."

„Hierher, hab ich gesacht!", brüllt er, springt auf, reißt eine Spindtür auf, holt eine große schwarze Pistole heraus und richtet den Lauf auf ihren Kopf. „Ich kann auch anders!"

Charlie fährt hoch vor Schreck, stößt dabei den Stuhl um und hebt automatisch die Hände. Er weist mit dem Lauf auf das Sofa, sie trippelt zitternd dahin und setzt sich ganz klein in eine Ecke, so, als ob sie gar nicht da wäre.

Nico ist zurück am Haupteingang des Folkwang Museums und weiß nicht weiter. „Wenn das nicht ihre SMS war", zwingt er sich das Böse weiterzudenken „will irgendwer mich hier weghaben. Um was zu tun? Charlie etwas anzutun? Ja, jemand hält Charlie im Museum gefangen."

Mit zittrigen Fingern wählt er den Notruf der Polizei. Voller Panik steht er vor der Tür und wartet auf Rettung.

„Na, geht doch." Stefan legt die Waffe auf den Tisch, setzt sich zu ihr, ganz nah, einen Arm um ihre Schultern, streichelt ihre Wange. „Is doch alles nich so dramatisch, bist doch schon'n großes Mädel ....", die eine Hand am Hals, die andere an ihren Schenkeln, „und so hübsch, so sexy, fickst mit dein'm Nico doch auch, ..." öffnet ihre Jacke, „kennst dat alles doch, stell dich gezz ma ich so an ...", greift unter ihr T-Shirt und streicht über ihre Brüste, „wenn du lieb bis, tu ich dir auch nich weh ...", versucht sie zu küssen, sie dreht sich weg, „nur 'n bisken Spass zwischen die Beine ...", greift ihr unter den Rock, „tut doch dir auch gut, oder nich, brauchs keine Angst ..."

Sie spürt sie von tief unten, kann sie nicht aufhalten, will sie nicht bremsen, diese Welle, heißt sie geradezu willkommen, diese Welle der Übelkeit, die sich Bahn bricht und in einem riesigen Schwall Stefans Beine mit ihrem Mageninhalt überflutet.

Der springt auf, entsetzt, angeekelt, kreischt: „Du alte Pottsau, du bepisste Oberschlampe, du ..."

Charlie springt auf, drei Sätze zur Tür, er streift noch die Kotze von der Hose, als er's bemerkt, ihr hinterher, sie dreht den Schlüssel, reißt die Tür auf, er stürzt ihr nach, erwischt sie an der Jacke, reißt sie zurück, sie taumelt, fängt sich, windet sich aus der Jacke, rennt, knickt weg auf den High Heels, flucht, schlägt hart auf, Marmor, Schmerz, Nase, riecht Eisen, schmeckt Blut, tritt sich die Pumps von den Füßen, wankt barfuß auf den Ausgang zu, er holt auf, hat sie fast, sie schlittert auf die riesige gläserne Tür zu, knallt dagegen, zieht am Griff.

Nichts. Sie ist verriegelt. Zu. Schluss. Aus die Maus.

Hinter der Glastür sieht sie Nico, wie seine Hände gegen die dicken Scheiben schlagen und er vor Verzweiflung schreit, ohne ihn zu hören.

Mit erhobenen Armen und blutigem Gesicht rutscht sie an der Scheibe herunter und hinterlässt eine rote Spur des Unglücks.

Stefan greift ihr brutal ins Haar, nimmt sie hart am Arm und zerrt sie weg.

Draußen vor der Tür steht Nico an der Scheibe mit ihrem Blut und schreit und weint und schreit und weint und ...

Stefan hat Charlie wieder in den Personalraum gebracht und auf die fleckige Couch geworfen. Sie liegt da und wimmert.

„Hör auf zu flennen, du ... du ... du Pissflitsche! Wenn du nicht so rumgezickt hättes', wär dat alles glatt gegangen. Warum machse denn so'n Scheiß?

Auffe Couch, Beine breit, rein, raus un' fertig. Tür auf un' tschüss. So sollte dat laufen. Aber nee ..."

Stefan schwitzt literweise Angst. Das Hamsterrad im Kopf: „Un' gezz? Weiß nich weiter, alles aus 'm Ruder gelaufen, watt mach ich mit der kleinen Schlampe, und überall Kotze und Blut. Alles versifft, dat fällt doch auf, um zwei kommt die erste Nachtkontrolle, bin dahin is nich mehr lang, un' da draußen vor der Tür, da war einer."

„Du has' mich da rein manöv ... manöveriert, du bis' schuld, wenn dat alles aus'm Ufer läuft", schreit er und springt auf Charlie zu, gibt ihr links und rechts kräftige Ohrfeigen.

„Nein! Bitte, bitte, hör auf! Ich mach ja alles, was du willst", kommt es leise, aber deutlich aus Charlie heraus. Sie weiß, Zeit ist alles, was sie braucht.

Wie ein Raubtier im Käfig, so geht Nico vor dem Eingang auf und ab, zwischen Hoffnung und Verzweiflung fahren seine Gefühle mit ihm Achterbahn. Nach einer gefühlten Ewigkeit hält ein Streifenwagen am Straßenrand. Zwei Polizisten steigen aus: „Sie haben uns gerufen?!

„Ja, endlich, Gott sei Dank, also, meine Freundin ist da drin, sie wird festgehalten von einem Wachmann. Sie ist verletzt, blutet, ich weiß nicht, wie schlimm es ist. Aber Sie müssen da rein, sie befreien, schnell, ich weiß nicht, was er sonst mit ihr anstellt, verstehen Sie?!", fasst Nico zusammen.

„Immer mal langsam, junger Mann. Zeigen Sie erst mal Ihren Ausweis. Sie heißen?", eröffnet der Beamte die Begegnung.

„Hier, mein Ausweis, aber unternehmen Sie was, brechen Sie die Tür auf, holen Sie Feuerwehr und Rettungswagen! Das ist wichtiger. Meine Freundin, die wird vielleicht gerade ... Tun Sie was, verdammt noch mal!", schreit Nico den Polizisten an.

„Immer ruhig bleiben, sonst nehmen wir Sie erst einmal mit zur Wache. Da können Sie uns alles ganz in Ruhe erzählen. Haben Sie Alkohol getrunken?"

„Das darf doch nicht wahr sein. Können Sie mir Ihren Namen nennen. Ich werde ...", Nico hat völlig die Fassung verloren. „Wenn sie da drin jetzt stirbt, und Sie eiern hier so rum ..."

„Was meinen Sie, was mache ich hier?", der Beamte wird langsam ungehalten.

„Walter, guck dir mal die Eingangstür an", wendet sich der zweite Polizist an seinen Kollegen. „Die ist total mit Blut verschmiert. Wir müssen was tun."

„Wenn du meinst, ich finde ja ..."

„Ja, ich meine! Wir gehen da jetzt rein. Sofort!", sagt er streng, hastet zum Streifenwagen, fordert über Funk Verstärkung und Rettungswagen an und kommt mit einer langen eisernen Brechstange zurück.

„Sollen wir nicht warten bis ...", versucht es sein Kollege noch einmal.

„Nein! Wir haben keine Zeit mehr!"

„Wir müssen hier weg. Wenn der Typ die Bullen ruft, wird's eng", rotiert es in Stefans Kopf. „Durch die Tiefgarage, da seht mein Auto und dann sehen wir weiter. Ich schließ' die weg, fahr dann zurück un' mach alles sauber. Genau!"

„Los gezz! Wir gehen", blafft Stefan Charlie an.

„Wohin? Was haben Sie vor?"

„Steh auf, zieh die Jacke an und deine Schuhe, wir fahren zu mir. Und: Schnauze halten, sonst …".

Stefan will zum Tisch, zur Pistole, Charlie zur Tür, sie schafft es, schließt auf, Schlüsselbund raus. Er dreht sich, will sie stoppen, sie wirft ihm voller Hass das schwere Eisenbündel mitten ins Gesicht, er schreit, eine Hand vor dem linken Auge, alles rot, mit der andern Hand versucht er die Pistole …, sie tritt ihm zwischen die Beine, er jault auf, fällt, jammert, windet sich, kriecht zum Tisch, tastet von unten, ohne zu sehen, nach der Waffe, stößt sie von Tisch, sie rutscht über den mit Blut und Kotze verschmierten Boden auf Charlie zu, ein Stück, nicht weit genug, er krabbelt, sie springt, beide auf die Waffe und aufeinander zu. Sie spürt den kalten Stahl an ihrer Hand, greift zu, hat sie, will wieder auf die Beine, seine Hand an ihrem Fußgelenk, ein Ruck, sie stürzt, die Waffe fliegt, poltert in seine Richtung, er versucht sie zu fangen, sie springt auf, sieht die Sektflasche, ein Griff, ein Wurf, daneben.

Das war's, ist ihr letzter Gedanke.

Er kniet zitternd und wimmernd vor ihr, die Waffe in der rechten Hand, der Arm gestreckt, die linke Hand auf der Wunde am Auge, die Uniform besudelt mit Blut und Erbrochenem, die Hose nass im Schritt vor Angst und Verzweiflung. Sie, mit blutverschmiertem Gesicht, der Wunde an der Schläfe, schiefer Nase und nassen Augen voller Sehnsucht nach Leben, steht auf wackeligen Beinen ihm gegenüber an der Wand. Beide schauen sich an. Beider Augen halten einander fest. Eine Ewigkeit. Schließlich wird sein Blick weich. Langsam lässt er die schwere Waffe sinken, schluchzt, bebt, weint, schaut zu Boden vor Scham.

Charlie hört zuerst die Tür aufspringen, dann den ohrenbetäubenden Knall.

Und Stefan sinkt zu Boden. Auf seinem hellen Hemd ist ein dunkler Fleck zu sehen, der sich immer mehr ausbreitet, allen Platz einnimmt und sich so bleischwer anfühlt, dass er sich ihm ganz ergibt.

Vage nimmt Charlie am Rand ihres Blickfeldes den Polizisten mit der gezogenen Waffe wahr, aus deren Lauf sich ein feiner Rauchfaden windet. Und plötzlich ist da Nico, der sie auffängt, als sie fällt.

# Friederike sucht einen Mann

## Das Projekt „Mann"

Friederike war nicht schlank, sie war dünn. Um ehrlich zu sein, war sie dürr. Ihre Schlüsselbeine traten wie Kleiderbügel hervor, wie diese dünnen Drahtdinger aus der Reinigung. Ja, sauber war sie, auch wie aus der Reinigung. Sie duschte mindestens zweimal am Tag mit dieser Demeter-Lotion, die nach Kernseife roch. Parfüm mochte sie nicht. Das sei nicht natürlich, meinte sie. Unter den Brüsten konnte sie ihre Rippen zählen. Der Bauch war flach mit einer Falte um den Bauchnabel, als sei ihre Haut zu groß. Die Hüftknochen standen weit vor unter der schmalen Taille, die Beine dünn und untrainiert, standen auseinander wie Stecken und dazwischen ihre fast unberührte Scham. Ihre Haltung ähnelte einem ungebügelten Kleid auf dem verbogenen Kleiderbügel ihrer leicht nach vorne gebeugten Schultern. Ihr Körper war eher ein Garderobenständer. Und all das sah Friederike selbstkritisch vor dem großen Spiegel, ohne zu verzagen.

„Stimmt, schön bin ich nicht", bemerkte sie für sich, als sie nach dem Duschen nackt vor dem großen Spiegel stand. „Trotzdem, ich will einen Mann!"

Sie öffnete den Kleiderschrank, nahm zielbewusst ein Feinrippunterhemd, einen weiten grauen Pulli und einen schwarzen Faltenrock heraus, dazu aus der Schublade weiße Socken und eine Medima-Unterhose. Sie achtete immer auf ihre Blase. All das zog sie sich an, ging in die Küche und bereitete das Frühstück. Es bestand aus einer großen Tasse Früchtetee und einer kleinen Schale Müsli. Essen war ihr nicht wichtig, Hauptsache gesund und wenig.

Bevor sie sich setzte, schaltete sie das Radio an, WDR Kultur, klassische Musik. Gerade lief Bruckners Sechste. Sie summte mit, trödelte, hatte Zeit, es waren ja Herbstferien. Friederike war Lehrerin für Mathematik und Musik. Sie liebte die Musik, aber nur die Ernste. Blockflöte war ihre Leidenschaft, durch die Klavierprüfungen hatte sie sich durchgeholpert, mit viel Fleiß. Und Mathematik war so schön geordnet, Axiome, Regeln, alles sehr klar und rational. Und so leicht zu korrigieren. Sie verstand sie eher mathematisch, die Musik. Auch sie war geordnet in Takt und Rhythmus, in Melodik und Harmonik, in Thema und Variation. Und hatte Platz für geordnete Gefühle. Rock, Pop und Jazz hasste sie, besonders Improvisationen.

Für die Ferien hatte sie sich vorgenommen, einen Aktionsplan aufzustellen für das „Projekt Mann". Neben ihrem Frühstücks-Set lag ein Spiralblock. Zuerst spulte ihr analytischer Verstand eine Bestandsaufnahme ab:

Bisher habe ich alles geschafft, was ich mir vorgenommen habe. Ich habe mich mit meinem Musikstudium gegen meine Mutter durchgesetzt, die mich am liebsten im Finanzamt gesehen hätte, höhere Beamtenlaufbahn. Ich habe mein Studium in beiden Fächern mit guten Noten abgeschlossen und sofort nach dem Referendariat eine Beamtenstelle an einer Schule bekommen. Ich komme mit den Schülern einigermaßen klar und habe auch ein paar nette Kollegen kennengelernt. Ich verdiene so viel Geld, dass ich viel davon sparen kann, habe ein paar Bekannte von früher und eine gute Freundin, die Marie. Dann habe ich

*Friederike sucht einen Mann*

noch das Flötenquartett, mit dem ich zu kirchlichen Anlässen erfolgreich auftrete und Applaus ernte. Ich habe eine achtzig Quadratmeter große Wohnung mit durchgestylten Flötotto-Möbeln und Dachterrasse. Doch wenn ich abends in meinem Bett liege, fehlt mir was, unten herum. Ein Mann. Sex. Und das werde ich auch noch regeln.

Bei diesen Gedanken fühlte sie die Hitze der roten Flecken an ihrem Hals. Dann griff sie zum Stift und zum Spiralblock. Doch ihr fiel nichts dazu ein, kein Satz, kein Wort, kein gar nichts. Nur Marie! Sie musste Marie fragen, ihre beste Freundin. Die kannte sich aus in so was. Das war das Ergebnis ihrer Frühstücksanalyse.

Sofort ging sie zum Telefon, rief Marie an und verabredete sich mit ihr am Nachmittag um sechzehn Uhr. Denn Marie stand mitten im Leben und wusste Bescheid.

Ja, so war sie, die Friederike.

Pünktlich um sechzehn Uhr saß Friederike im Café ‚Chez nous‘, als Marie hereingerauscht kam. Wie immer umarmten sie sich zur Begrüßung etwas verkrampft, setzten sich und bestellten Kaffee. Friederike kam gleich zur Sache. Sie berichtete Marie von ihrer morgendlichen Selbstanalyse und ihrem „Projekt Mann".

„Du suchst also einen Mann, das sind ja ganz neue Töne. Ich finde das klasse." lachte Marie.

„Lass mal das emotionale Getue. Das ist eben so. Auch ich bin biologisch gesehen ein Säugetier und habe gewisse animalische Bedürfnisse. Dazu kommt, dass so ein Mann mein Bild vervollständigt, mein Bild von mir, wie ich sein sollte. Verheiratet eben." Sie spürte ihre roten Flecken am Hals. So etwas gestand sie nicht jeden Tag. „Du kennst dich doch mit Männern aus und kennst ganze Rudel von dieser Spezies. Ist da nicht einer für mich dabei. Es kann notfalls auch ein Abgelegter von dir sein. Das würde mir nichts ausmachen. Wir sind doch Freundinnen und ich habe dir auch schon mal einen Pullover geliehen." Dabei lächelte sie verschmitzt.

„Mein Gott, du gehst aber ran." Marie konnte sich gar nicht einkriegen vor Lachen.

„Also, was ist? Oder muss ich bei der VHS erst fünf Kurse auf einmal belegen? Das ist mir eigentlich zu anstrengend."

„Ja, kannst du mir denjenigen mal so ungefähr beschreiben, wen du dir da so vorstellst? Was soll er beruflich machen, wie soll er aussehen, welche Hobbys, was für 'n Typ?" Marie fand das spannend.

„Fünf Jahre älter oder jünger, Akademiker, Nichtraucher, schlank, kultiviert und nett. Kein Angeber, besser eher schüchtern."

„Na, gibt's denn so was? Du bist vielleicht drauf!", staunte Marie und lachte sich halb tot. „Ich gehe erst mal zum Klo, da kommen mir die besten Ideen", sagte sie und verschwand.

Als sie an den Tisch zurückkam, hatte sie den Schelm in den Augen. „Wie wär's mit einer Annonce im Internet. Das ist wunderbar anonym, bequem und kostet nicht viel."

„Meinst du wirklich? Ich soll mich mit einem wildfremden Mann in einer Bar treffen, mit einer roten Rose in der Hand? Nein, nie im Leben!" Ihr Hals leuchtete grell.

„Mein Gott, dann heirate doch deinen Cousin oder deinen Küster!"

*Friederike sucht einen Mann*

„Jetzt werde nicht gemein!"

„Riekchen, ist das denn so schlimm, sich mit einem fremden Mann zu treffen? Du kannst sein Bild doch im Internet ansehen, ihn danach aussuchen und vorher etwas über ihn erfahren. Dann ist er dir nicht mehr so fremd. Du musst dich ja auch nicht in einer Bar treffen, es geht auch tagsüber im Park oder in einem Café."

„Rede mit mir nicht wie mit einem Kind. Und nenne mich nicht Riekchen, das habe ich in der Schule schon gehasst."

„Schon gut, aber ein bisschen Mut gehört dazu. Du bist doch sonst so straight."

„Also, einverstanden, meinetwegen. Aber wie soll ich mich denn beschreiben?"

„Na, schaun wir mal. Du hast schließlich eine erfahrene Kontakt-Lady an deiner Seite."

„Hast du das etwa auch schon mal ...?", staunte Friederike.

„Na klar, das ist ziemlich aufregend, wart's nur ab."

„Das ist ja toll!"

Jetzt fühlte sie sich wieder wohl mit Marie, ihrer besten Freundin. Nach einer Stunde harter Diskussion hatten sie sich auf einen Anzeigentext geeinigt. Friederike verabschiedete sich schnell, musste weg, war auf der Flucht vor der eigenen Courage.

Der Text lautete:

*Ich bin eine junge selbstbewusste Lehrerin, verbeamtet, Mitte dreißig, aus gebildetem Elternhaus, schlank, mit blondem, mittellangem Haar, und unterrichte Musik und Mathematik an einem Gymnasium. Mein besonderes Interesse gilt der ernsten*

*Musik. Ich spiele in einem Kirchenmusikkreis, liebe die Natur, gehe gern spazieren und ernähre mich bewusst. Gespräche über Gott und die Welt schätze ich ebenso wie lustiges Geplauder über Alltäglichkeiten. Auch wenn ich mit meinem Leben insgesamt zufrieden bin, fehlt mir der Mann an meiner Seite, der mit mir redetet, der mir zuhört und mich in den Arm nimmt. Wenn du der Mann bist, zurückhaltend, intelligent, gebildet, in gesicherten Verhältnissen lebend, Nichtraucher, aber auch zärtlich und leidenschaftlich, der sich auch nach Zweisamkeit und respektvoller Partnerschaft sehnt, dann melde dich. Ich freue mich auf dich.*

Marie war völlig erschöpft von dieser Schwerstarbeit, Friederikes Naivität auszuhalten und diesen peinlichen Text aufzusetzen. So fuhr sie sofort nach Hause und legte sich mit einem eisgekühlten Ouzo aufs Sofa.

Friederike fuhr auch nach Hause, stürzte an ihren PC und stellte die Anzeige ins Netz. Dann saß sie mit einem Glas stillem Mineralwasser auf ihrer Rattancouch und schämte sich, dass die Flecken am Hals glühten. Bald war sie eingeschlafen.

Am Abend saß Friederike am Schreibtisch und korrigierte Mathetests, als das Telefon klingelte. Es war Marie:

„Übrigens, was ich noch sagen wollte," druckste Marie, „vor dem ersten Date sollten wir, entschuldige, wenn ich das mal so sage, noch über dein Outfit reden. So wie du heute Nachmittag ..., das geht so nicht."

„Was meinst du damit?"

„Ich muss mal Klartext reden. Du bist doch eine patente Frau, die mitten im Leben steht. Vielleicht liegt es daran, dass du dich in letzter Zeit nicht so intensiv um die Männerwelt gekümmert hast, aber du bist in deiner Kleidung, was Mode angeht, nicht gerade mitten im Leben. Versteh mich nicht falsch …“

„Ich weiß jetzt nicht, was das soll. Ich bin Lehrerin und keine zwanzig mehr. Ich liebe das Klare, Durchgestylte. Schwarz und Grau sind elegante Farben. Und mit der ganzen Schminke macht man sich nur die Haut kaputt.“

„Jetzt mal ehrlich! Faltenröcke und weite graue Pullis sind nicht durchgestylt. Du hast doch eine schlanke Figur, da können wir doch was machen. Es stimmt auch nicht, dass jedes Make-up die Haut ruiniert. Und deine Haare, na ja.“

„Soll ich wie ein junger Hüpfer, bunt wie ein Paradiesvogel durch die Gegend springen?“ Sie spürte wieder ihre Hände flattern.

„Nein, das sollst du auch nicht. Lass uns nächste Woche mal shoppen gehen, okay?“ Maries Worte ähnelten Samthandschuhen.

„Auch das noch. Das Ganze nimmt ja Dimensionen an, das hätte ich mir …“

„Wann hast du Zeit?“, unterbrach sie Marie.

„Gut. Nächsten Montag, um 17 Uhr.“

„Okay, wieder im ‚Chez nous‘. Dann ziehen wir los und hübschen dich ein bisschen auf. Und … entspann dich. Alles wird gut.“ Marie legte auf.

„Nichts wird gut“, dachte Friederike, „was habe ich da losgetreten?“

Stilles Wasser rann aus ihren Augen über ihre hohlen Wangen.

## Das erste Date

Am Montag wartete Friederike auf ihre Freundin Marie, wie immer im ‚Chez nous'. Ihre Wangen glühten und leider auch die Flecken am Hals. Sie hatte sie im Spiegel der Damentoilette entdeckt und schämte sich dafür. Schon um halb fünf hatte sie das Café betreten und schon zweimal war sie auf der Toilette gewesen. Aufregung schlug ihr immer auf die Blase. Und immer wieder der Blick zur Uhr und zur Tür. Fünf vor fünf. Marie kommt bestimmt wieder zu spät. Friederike hatte einen Pünktlichkeitstick. Schon vor der verabredeten Zeit konnte sich mühelos in eine Wartepanik hineinsteigern.

Da kam sie endlich.

„Hallo Marie, endlich. Ich warte schon seit halb." Und wieder umarmten sie sich etwas sperrig, was nicht an Marie lag.

„Jetzt mach mal halblang. Wir waren für fünf verabredet. Jetzt ist's vier vor." Sie stellte ihre Tasche ab, legte den Mantel über einen Stuhl und setzte sich.

„Wie siehst du denn aus? Du bist ja krebsrot. Hast du 'ne Allergie gegen stilles Wasser?", staunte sie beim Anblick ihrer Freundin.

„Jetzt hör auf, das ist nicht lustig. Das ist eine nervöse psychosomatische Reaktion." Und dann sprudelte es aus ihr heraus: „Also ich habe Antwort bekommen auf die Annonce, wir haben nett im Chatroom der Plattform geplaudert, er sieht gar nicht so übel aus, einundvierzig, heißt Theo, von mir hat er noch kein Foto, das ist doof, er ist Anlageberater und viel unterwegs, morgen sehen wir uns trotz fehlendem Foto, macht nichts, hat er gesagt, man sollte das Äußere nicht überbewerten, einen Sohn hat er, zwölf, ist geschieden, morgen um sechs im Schlosspark...", sie stockt und schaut Marie gequält an. „Was mach ich nur? Marie hilf mir!"

„Erst mal Luft holen. Das war ja ohne Punkt und Komma. Also jetzt mal langsam." Da war Maries warmer Blick und ihre Hand auf Friederikes Schulter. Friederike nestelte an ihrem weißen Blusenkragen. „Das ging aber schnell. Gratuliere. Aber zuerst: Entspann dich! Ich bestelle mir einen Cappuccino und du erzählst dann alles der Reihe nach."

Sie ging zur Theke, um ihre Bestellung aufzugeben, kam dann zurück und sagte: „So! Dann lass mal hören."

„Ja, also, er heißt Theo. Seinen Nachnamen hat er mir nicht verraten. Ich ihm meinen auch nicht. Er sagt, das macht man so wegen der Anonymität, die man wahren sollte. Man weiß ja nie. Er hat sich schon mehrere Male mit Frauen per Anzeige verabredet. Und beim ersten Mal hat er gleich seinen Nachnamen genannt und Adresse und Telefonnummer angegeben. Die Frau ist ihm dann ziemlich auf den Wecker gegangen. Deswegen: Schutz durch Anonymität. Recht hat er, finde ich. Ich mag Leute, die vorsichtig sind. Wie gesagt, arbeitet er bei einer Bank als Anlageberater, ist auch im Außendienst tätig und viel unterwegs. Er hat einen Sohn von zwölf Jahren und der stresst ihn, weil er durch seinen Beruf nicht genug Zeit für ihn hat. Ach so, er ist geschieden und wollte aber seinen Sohn nicht bei seiner Exfrau lassen. Ich finde, das ist ein gutes Zeichen. Er zeigt Verantwortung. In seiner Freizeit trainiert er die Jugendmannschaft, in der auch sein Sohn spielt. Fußball, glaube ich. Und er hört gerne klassische Musik. Das ist doch was, oder?

Wir haben uns für morgen Nachmittag im Schloss-park verabredet, am Denkmal, wollen ein bisschen spazieren gehen und dann bei seinem Stamm-Italiener essen. Ja, das ist alles.

Marie, mir ist so komisch. Den kenn ich doch gar nicht. Was sag ich dem bloß? Das ist so aufregend! Soll ich wirklich dahin gehen?" Sie war nun schon etwas entspannter, aber glücklich sah sie nicht gerade aus.

„Das ist doch schön. Und aufregend soll es ja auch sein!" Marie freute sich ehrlich und amüsierte sich heimlich. „Hör zu! Sieh das ganz locker. Dir kann nichts geschehen und du kannst nichts verlieren. Verstehe das als Testballon, als erste Erfahrung. Du brauchst gar nicht viel zu tun oder zu sagen. Denn Gott sei Dank ist das ja immer noch so, dass sich die Kerle erst einmal mehr anstrengen müssen. Sie müssen Gespräche eröffnen und in Gang halten, Türen aufhalten und Mäntel abnehmen. Sie müssen reden und handeln. Und du brauchst nur zu reagieren. Und denk dran, das ist ein Testballon und nicht die einzige Chance, die du hast. Sieh das als Experiment. Und wenn der wirklich was hat, was dich interessiert, was du nett oder liebenswert findest, dann bleibst du am Ball. Morgen ist erst mal abchecken angesagt."

„Meinst du wirklich? Ich habe das noch nie gemacht. Das ist schlimmer als jede Examensprüfung, auf die konnte ich mich vorbereiten. Aber hier muss ich improvisieren. Das hasse ich. Du weißt, ich will immer alles unter Kontrolle haben."

„Jede neue Begegnung ist ein Risiko, aber auch ein Abenteuer. Findest du das nicht auch spannend?" Wieder der warme Blick von Marie.

„Ja, das stimmt. Es ist sehr aufregend." Und endlich konnte sie lächeln, die arme Friederike.

„So. Jetzt zahle ich, du bist eingeladen, dann schleppe ich dich in ein paar Läden und wir hübschen dich ein bisschen auf, okay?!" Ein Augenzwinkern flog zu Friederike hinüber.

„Ja, Aufhübschen ist ein schönes Wort." Friederike drückte den Rücken durch und sagte lächelnd: „Ohne dich wäre ich verloren. Danke."

Marie stand auf und sagte: „Komm mal her."

Und zum ersten Mal umarmten sie sich, weder sperrig noch verkrampft, sondern so, wie das beste Freundinnen tun. Friederike gewann den Kampf gegen ihre Tränen und hätte ihn gern verloren.

Die Shopping-Aktion war kein Einkaufsbummel, sondern harter Kampf. Marie dirigierte, jonglierte und balancierte, warf Bälle zu, wehrte Messer ab, schwang die Peitsche und gab Leckerchen, agierte mit Kritik und Belohnung, mit Einfühlung und Anforderung, mit Bestätigung und Ablehnung, mit Trost und Druck, wie in einem Konzertsaal und einer Zirkusarena zugleich. Aber letztendlich war Marie die Therapeutin und Friederike die Patientin. Nach diesem vierstündigen Kampf trennten sich die beiden und Friederike trug verunsichert, aber stolz, ein Kostüm in anthrazitgrau, drei Blusen in violett, türkis und nachtblau, einen Hosenanzug in bordeauxrot, dazu drei Paar passende Schuhe mit mäßig hohem Absatz und eine neue Frisur mit kastanienbrauner Tönung und blonden Strähnchen nach Hause. Marie hatte ihr dazu noch eine leicht deckende Tagescreme fürs Gesicht und ein stark deckendes Make-up für ihren Hals gekauft. Und einen dezent roten Lippenstift.

Als sie sich verabschiedeten, umarmten sie sich wieder, ohne sich die Köpfe zu stoßen. Friederike mochte Marie am liebsten gar nicht mehr loslassen. Marie wollte nur noch ganz schnell nach Hause.

Friederike nicht.

Als Marie endlich auf ihrem Sofa saß, mit einem großen Ouzo auf viel Eis, berichtete sie Norbert ausführlich von dieser Wahnsinnsaktion. Zuerst lachte sie viel dabei. Und schließlich wurde sie traurig. Norbert nahm sie in den Arm.

„Das ist es eben, was ihr fehlt. Dieser armen, grauen Maus", sagte sie noch.

Als Friederike nach Hause kam, hängte sie all ihre neue Kleidung ordentlich in ihren Schrank, öffnet eine Flasche Wein, füllte ein Glas und stürzte den Inhalt in einem Zug in sich hinein. Unwillkürlich musste sie sich schütteln. Dann starrte sie auf den schwarzen Bildschirm des Fernsehers und fing an zu weinen.

„Na, endlich", sagt sie noch.

Friederike hatte Ferien. So hatte sie den halben Tag damit verbracht, unter ihren neuen Sachen die richtigen für ihr erstes Date auszuwählen. Die andere Hälfte des Tages widmete sie der Verschönerungskosmetik an Gesicht und Hals. Am schwierigsten war das mit dem Lippenstift. Sie hatte sich schließlich für das anthrazitfarbene Kostüm mit der blauen Bluse entschieden, dazu die schwarzen, halbhohen Pumps für Anfängerinnen. Als sie vor dem großen Spiegel im Schlafzimmer stand, war sie völlig überrascht und so stolz auf sich, dass sie fast ihr Make-up verheult hätte. Ja, Marie. Alles wird gut. Aber so weit war es noch nicht.

Darüber zog sie den leichten grauen Übergangsmantel.

Ihre Uhr zeigte fünf vor sechs am Denkmal im Schlosspark und Friederike hätte am liebsten gekotzt.

Das Erkennungszeichen war „DIE ZEIT", zumindest die Titelseite, die beide demonstrativ dabei haben sollten. So saß sie auf der Parkbank und dachte: Alles wird gut, wird gut! Gleich kommt der Mann. Ich erkenne ihn an der Zeitung. Ich kenne sein Bild. Ich sage: Hallo, Sie sind bestimmt Theo. Duzen werde ich den auf keinen Fall. Ich kenne den ja gar nicht. Ich treffe mich mit einem wildfremden Mann im Park. Bin ich denn bescheuert. Vielleicht hat der Mundgeruch. Nichts wird gut. Ich muss hier weg!

Es beruhigte sie zu wissen, dass ihre roten Flecken am Hals unter dem Make-up keine Chance hatten, das hatte Marie versprochen.

„Hallo, Sie müssen Friederike sein", hörte sie es plötzlich neben sich und fühlte sich auch so.

„Was? Ja, natürlich. Und Sie sind Theo, ja?"

Während sie antwortete, erhob sie sich und reichte ihm automatisch die Hand. Seine war warm und trocken, ihre kalt und feucht.

„Ja, da sind wir nun. Sollen wir ein paar Schritte gehen?"

„Ja, klar, warum nicht."

Er hakte sie nicht unter. Gottlob.

Er redete, wie Marie es gesagt hatte. Seine Stimme gefiel ihr.

Das, was er sagte, kannte sie schon aus den E-Mails. Das machte es einfach. Zwischendurch streute sie ein „Ach so!", „Na klar!" oder „Ach wirklich?" ein. Das war alles, was ihr einfiel.

So verging eine halbe Stunde und Friederike fühlte sich immer besser.

So konzentriert darauf, nichts falsch zu machen, landeten sie, für Friederike geradezu unmerklich, in einem noblen italienischen Restaurant. Sie nahm es erst wahr, als sie schon Platz genommen hatten.

„Mögen Sie italienisches Essen?", fragte er lächelnd.

Ihr war aufgefallen, dass Theo gerne, eigentlich immer lächelte. Das musste wohl so sein. Sie lächelte auch.

„Ja, so einen kleinen Salat mit Oliven und Anchovis", wusste sie zu sagen.

„Als Vorspeise eine gute Wahl. Hier ist immer alles ganz frisch. Und als Hauptspeise kann ich Scaloppina oder den Seewolf in Weißwein empfehlen. Der Koch ist ein Genie", lächelte er schon wieder.

Friederike lächelte nicht mehr. Was? Ich soll mehr essen als einen Salat? Das geht nicht. Ausgeschlossen. Was sag ich jetzt? Was rät mir Marie? Sei cool! Du darfst alles, du bist eine Frau!

Friederike hatte noch nie geschwitzt, aber jetzt fühlte sie die peinliche Nässe unter ihren Achseln. Irgendetwas in ihr sagte zu ihm: „Nicht, dass ich auf meine Figur achten müsste, aber jetzt ist mir einfach nur nach einem leichten Salat. Vielleicht können wir das große Menü bei einer anderen Gelegenheit genießen."

*Friederike sucht einen Mann*

Und irgendwie erschien auf ihrem Gesicht ein süffisantes Lächeln.

Theo lächelte schief: „Wie Sie es wünschen, Friederike."

Er orderte souverän die Gerichte beim Kellner, nahm selbst auch nur etwas Leichtes, den großen Salat mit Garnelen und viel Brot, und fragte sie nach ihren Getränkewünschen.

„Ein stilles Wasser hätte ich gerne."

Erst stutzte er, dann sagt er lächelnd: „Ja, stille Wasser sind tief", und bestellte sich eine Karaffe Pinot Grigio.

Das Essen wurde serviert. Der kleine Salat mit Oliven und Anchovis war ihr viel zu groß und sie stocherte lustlos in ihrem Essen. Zwei der Oliven waren ihr schon beim Versuch sie aufzuspießen vom Teller gesprungen. Die Dritte fing er geschickt auf, legte sie an seinen Tellerrand und grinste.

„Geschnappt. Die hätten sie ja auch entkernen können", sagte er charmant.

Eins zu null für ihn. Sie fühlte sich ertappt. Alles war so entsetzlich peinlich. Hoffentlich hält die deckende Creme.

„Ich liebe Italien. Durch meinen Beruf komme ich viel herum, aber Italien ist immer auch ein wenig Urlaub. Rom, die Ewige Stadt, das Kolosseum, das Pantheon, der Petersdom, ein Traum. Wie finden Sie die Stadt?", bemühte Theo sich redlich.

„Vor ein paar Jahren war ich mal da", log sie. „Ich habe in einer kleinen alten Kirche, den Namen habe ich vergessen, ein wunderbares Flötenkonzert gehört. Ich liebe Flötenkonzerte des Barock und der Renaissance. Auch Mahler und Bruckner höre ich gerne, aber die Barock- und Renaissancemusik ist mir ans

Herz gewachsen. Ich spiele sie selbst in einem kleinen Holzblasensemble, die wunderbarsten Stücke aus diesen Epochen. Diese Musik ist mit Mathematik zu vergleichen, geradlinig, berechenbar, rituell und doch voller Gefühl. Auch die Zahlen haben für mich etwas berechenbar Romantisches. Können Sie das verstehen?"

Dieses sichere Terrain ließ sie ein wenig entspannen.

„Ich höre ja eher Mozart ‚Kleine Nachtmusik', Ravel ‚Bolero' oder Beethoven ‚Für Elise', sehr schön."

Theo schaute unsicher auf seinen Mammutsalat, den er sehr zügig in sich hineinstopfte.

Alles gelogen, dachte sie, der hat von Klassik keine Ahnung.

Sie lächelte. Die Überlegenheit machte ihr Spaß.

„Mögen Sie eigentlich Kinder? Ich meine, entschuldigen Sie, nicht, dass ich mit der Tür ins Haus ..., ich meine, ich habe einen Sohn, der ist zwölf, den meine ich mit Kindern, Sie verstehen?! Ob das vielleicht ein Hindernis für Sie ...?", stammelt Theo.

„Nein, ich bin Lehrerin und habe täglich mit Kindern zu tun. Das akzeptiere ich. Ich finde es sogar bewundernswert, dass Ihr Sohn bei Ihnen lebt. Das zeugt von Verantwortung." Sie genoss ihr Oberwasser.

„Ja, das ist gar nicht so einfach mit so einem Jungen. Er kommt langsam in die Pubertät. Meine Frau ist ja auch so einfach auf und davon. Ein Brief auf dem Küchentisch und weg. Ich weiß gar nicht, wo sie jetzt ist. Alleinerziehender Vater mit einem so schwierigen Fulltime-Job, das kann manchmal die Hölle sein. Ich habe schon die dritte Haushälterin und die beschwert sich auch schon über Malte, so heißt mein Sohn. Das Haus, ein frei stehender Bungalow am Stadtrand mit

Pool, ist immer durcheinander. Morgen muss ich wieder zu Maltes Klassenlehrer. Die Haushälterin, eine Polin, kriegt das mit Maltes Hausaufgaben nicht hin. Da wäre eine Lehrerin ja geradezu Gold wert. Würde es Ihnen Freude bereiten, ein kleines bescheidenes Anwesen mit großem Garten zu führen und zu verwalten? Es ist wunderschön. Ich weiß, Sie haben ja auch Ihren Beruf. Aber Geld ist kein Problem. Sie könnten ja auf eine halbe Stelle gehen, fürs Erste. Der Lehrerberuf ist ja auch ziemlich aufreibend. Burn-out, und so, man liest ja davon. Wäre ja ein schöner Ausgleich, wenn Sie sich um meinen Sohn kümmerten und um das Haus, liegt auch sehr schön. Ihre Strähnchen im Haar gefallen mir gut, sieht – wenn ich das mal sagen darf – keck aus."

Stolz auf sein Kompliment lächelte er sie an. An seinem Kinn hing ein Tropfen Salatdressing.

„Ihr Kinn tropft", lachte Friederike entspannt.

„Oh, Verzeihung." Er wischte sich die Soße aus dem Gesicht.

Marie sagte, als Frau darf man alles.

„Theo, wissen Sie was?", sagte Friederike und ihre Augen leuchteten. „Wenn Sie eine Haushälterin oder ein Kindermädchen suchen, dann geben Sie eine andere Anzeige auf. Und tun Sie nicht so, als suchten Sie eine Frau. Ich weiß, Ehefrauen oder Freundinnen sind billiger, aber so billig bin ich nicht. Sie können meinen Salat auch noch verschlingen, wenn's Ihnen Spaß macht."

Dann nahm Friederike Theos Weinglas, trank es in einem Zug aus, stand auf, ließ sich vom Kellner in den Mantel helfen und verließ das Lokal. Vor der Tür stieg sie in ein wartendes Taxi und nannte dem Fahrer ihre Adresse.

Dann weinte sie, ganz stumm.

Es war sieben Uhr am anderen Morgen. Friederike hatte am Abend noch zwei Gläser Wein hinuntergestürzt, schlecht geschlafen und jetzt Kopfschmerzen. Sie nahm das Telefon und wählte Maries Nummer:

„Marie, ich muss dich dringend sprechen, sonst sterbe ich! Ich erlebe gerade meinen persönlichen Weltuntergang."

„Du hast mich unter der Dusche erwischt. Das ganze Parkett ist nass. Ich muss gleich zur Arbeit. Was ist'n los?", maulte Marie.

„Es war eine Katastrophe! Ich sehe dich um fünf im ‚Chez nous'", und legt auf.

Schnell krabbelte sie zurück in ihr Bett und schlief sofort ein. Sie hatte immer noch Ferien.

Eine Viertelstunde zu früh saß Friederike an ihrem Tisch im Café. Das ist schon bald mein Stammtisch, dachte sie. Mein Gott, wo bleibt sie nur. Sie hat auf das deckende Make-up verzichtet und ihre rote Panik am Hals blühte wie Klatschmohn. Endlich kam Marie.

„Wie du mich hierher zitierst, finde ich ziemlich daneben", platzte Marie los. Sie war sauer.

„Ja, entschuldige, aber ich hätte es nicht ertragen, wenn du keine Zeit oder keine Lust gehabt hättest. Es war eine Katastrophe, die Hölle." Friederike war dabei, den zweiten Bierdeckel zu zerbröseln.

„Komm mal runter. Entspann dich. Man kann dir ja gar nicht zusehen bei deiner Bröselei", knurrte Marie, immer noch verstimmt.

*Friederike sucht einen Mann*

So erzählte Friederike von ihrem ersten Date am vergangenen Abend in allen Einzelheiten und endete: „... und der wollte doch nichts Anderes als eine billige Putzhilfe mit pädagogischen Fähigkeiten für seinen verzogenen, pickeligen Sohn. Und das habe ich ihm auch so gesagt, genau so, na ja fast. Dann habe ich ihm seinen Wein ausgetrunken und bin gegangen. Ja, so war's. Schrecklich!"

„Das hast du gemacht?" Marie ist fassungslos.

„Ja, ich weiß, das ist nicht entschuldbar, aber ich konnte nicht anders."

Sie schaute auf ihre Bierdeckelbrösel und schämte sich, auch deswegen.

„Das ist ja beinhart, absolut super, das hätte ich dir nie zugetraut. Wahnsinn, spitzenmäßiger, affengeiler Wahnsinn! Gratuliere!!!" Marie sprang auf und drückte sie an ihre großherzige Brust.

Friederike war völlig perplex: „Was soll das denn jetzt?"

„Du hast genau das Richtige gemacht. Wenn sich einer wie ein Arsch verhält, sollst du ihn auch so behandeln. Dazu gehört Mut, und den hast du bewiesen. Genau so geht's. Männer sind Testballons, Versuchsratten, behaartes Material bei solchen Aktionen, bis einer kommt der was hat, was was hat, verstehst du?" Sie war ganz aufgebracht. „Und dann kann frau auch anders, kapiert?"

„Ich verstehe jetzt gar nichts, bin völlig fertig und du ..." Aber sie lächelte und war stolz auf sich.

Marie brauchte noch zwei Stunden, um ihr all das zu erklären und sie davon zu überzeugen, noch einen Versuch zu starten. Dann trennten sie sich mit einer gelungenen Umarmung.

## Das zweite Date

Vier Wochen waren vergangen, Friederike hatte keine Ferien mehr. Die letzten freien Tage hatte sie mit intensiver Arbeit verbracht, um dieses unsägliche Date zu vergessen. Seit die Schule wieder angefangen hatte, fühlte sie sich wohler. Ihre Tage waren wieder strukturiert, sie wusste, was sie zu tun hatte; die ordnende Hand der alltäglichen Gewohnheit.

Schließlich war sie wieder ins Internet gegangen, auf die Kontakt-Website. Er hieß Arnold. Was ihr Interesse geweckt hatte, war seine entwaffnende Ehrlichkeit gewesen. Er hatte einfach so zugegeben, dass er keine Ahnung von klassischer Musik hatte, aber bereit sei, mit ihr Konzerte zu besuchen. Er sei da ganz offen und könne von ihr etwas lernen, vielleicht ein neues Interessensfeld für sich entdecken. Er fand es auch nicht schlimm, dass sie ohne Bild annonciert hatte.

„Meine Güte, die Natur spielt ihre Spielchen, können wir was dazu?", hatte er gemailt. Sie hätte höchstens einen Satz, wie: Äußerlichkeiten sagen über den Charakter eines Menschen nichts aus, erwartet. Aber er hatte so eine Lockerheit, etwas Jungenhaftes. Das gefiel ihr. Und sein Aussehen: braun gebrannt, schlank, sportlich und breitschultrig. Das verwirrte sie. Aber er hatte Gott sei Dank auch etwas Solides. Von Beruf war er Bauingenieur in einer großen und stadtbekannten Firma. Er war spezialisiert auf Statik. Das hörte sich sehr stabil an, fand sie.

Sie verabredeten sich wieder im Schlosspark am Denkmal um neunzehn Uhr am nächsten Samstag. Sie wollte auch mit ihm einen Spaziergang machen und dann zu diesem Italiener gehen, der war nicht

*Friederike sucht einen Mann*

schlecht, der Italiener. Und da war sie schon einmal mutig gewesen. Diesmal hatte sie vor dem Treffen nicht mit Marie telefoniert. Sie fühlte sich sehr erwachsen, erfahren eben.

Friederike war jetzt nicht schon vorher da. Sie kam zehn Minuten zu spät. Auch ein Erkennungszeichen hatte sie abgelehnt mit der Begründung, dass sie ja wisse, wie er aussehe. Sie näherte sich langsam dem Denkmal, wieder im grauen Mantel über dem anthrazitfarbenen Kostüm, diesmal mit der pinkfarbenen Bluse und natürlich mit der alles zudeckenden Creme am Hals. Dort sah sie ihn vor dem Denkmal stehen, selbst wie ein Denkmal, so groß und wuchtig. Arnold, wahrscheinlich hieß er mit Nachnamen Schwarzenegger. Ihr Atem wurde kurz und schnell, als sei sie gerannt, ihre Hände flatterten als stünden sie unter Strom. Ihr war schlecht, sehr schlecht. Gerade als sie sich umdrehen wollte, um davonzulaufen, hörte sie:
„Mann, so ein Mist!"
Und sie sah diesen Hünen, wie er sich über sein blondes Haar wischte und irritiert nach oben schaute. Eine Taube hatte ihm auf den Kopf gekackt. Plötzlich musste sie laut loslachen.
Er kam auf sie zu und sagte: „Sie müssen Friederike sein. So ein Lachen habe ich Ihnen zugetraut."
Das gefiel ihr. Ihre Hände wurden ruhig. Jemand hatte den Strom ausgeschaltet.
„Ja, erraten." Ein Hauch des Lachens blieb in ihren Mundwinkeln. Das gefiel ihm.
„Ich bin Arnold. Gehen wir ein paar Schritte?"
„Aber klar."

„Dieser verdammte Vogel hat mir mitten auf die Stirn geschissen", lacht er, „Ist das jetzt ein gutes oder böses Omen?"

„Das ist gar kein Omen, das ist Vogelkacke", hörte sie sich sagen, stutzte und freute sich. Es geht doch, ich kann auch locker sein, nicht nur Marie.

„Schön, dass Sie keinen Hang zur Esoterik haben", witzelte er.

„Woher wissen Sie das?", kontert sie.

„Na ja, es gibt Menschen, die würden das jetzt gleich deuten wollen."

„Vielleicht tue ich das ja gerade, sag es nur nicht."

„Aber Sie doch nicht, Sie stehen doch mitten im Leben." Er schaute nach unten und zog sie plötzlich am Arm zur Seite.

„Und fast in einem Hundehaufen."

Beide lachten unbeschwert. Das gefiel ihr noch mehr. So gingen sie durch den Park, er den Blick zwischendurch gen Himmel gerichtet wegen der Tauben, sie die Augen auf den Weg wegen der Hundehaufen und plauderten drauflos. Friederike fühlte sich stark wie nie und stolz auf sich. So sollte Marie mich jetzt sehen.

Nach einer halben Stunde blieb Arnold stehen und wies auf die Straße am Ende des Parks.

„Da vorne gibt es ein hübsches kleines Chinarestaurant, mögen Sie Chinesisch?"

„Eigentlich wollte ich mit Ihnen zu dem Italiener in der Gervinusstraße, aber warum nicht zum Chinesen, okay." Sie spürte ihre Irritation und die Flecken unter ihrem Make-up. Da gibt es immer so große Portionen, und vielleicht muss ich da mit Stäbchen essen.

„Aber mit Stäbchen esse ich nicht", sagte sie schnell.

„Ich kann das auch nicht", gestand er lachend. Er lächelte nicht permanent, lachte aber mehr. Auch das gefiel ihr.

Nachdem sie das Lokal betreten und Platz genommen hatten, schlug er vor: „Was halten Sie davon, wenn ich für uns beide bestelle? Es gibt hier ein wunderbares Gericht, das nennt sich ‚Sieben himmlische Sünden' und ist eine Platte mit eben sieben ganz unterschiedlichen Köstlichkeiten." Er merkte ihr Zögern und ergänzte: „Man kann diese Platte auch für eine Person mit zwei Tellern bestellen, weil die Chinamänner ja gern riesige Mengen auffahren. Das muss Ihnen nicht peinlich sein, denn das ist hier üblich, besonders bei Stammgästen, und das bin ich hier."

„Das würde mir gefallen. Wieso wissen Sie, dass mich große Mengen beim Essen abschrecken, sind Sie Hellseher von Beruf?" Und beide lachten wieder. Ihre Panik nahm den Hut und ging.

„Das ist Menschenkenntnis. Frauen wie Sie, ich meine so schlank, haben häufig Angst vor großen Portionen."

Das Essen kam und schmeckte ihr fantastisch. Sie erzählte von ihren Vorlieben für Mathematik und barocker Flötenmusik, was er interessant und ein wenig „abgedreht" fand. Das verstand sie zwar nicht so recht, aber fand das Wort sympathisch, genauso wie ihn, diesen hünenhaften, muskulösen Jungen.

Er ist wie ein großer junger Hund, dachte sie.

Er liebt sein Fitnessstudio, meditative Selbstgeißelung nannte er es. Da konnte er ganz abtauchen, ganz abschalten und bei Musicals. Wenn er bei ‚Cats', dem ‚Phantom der Oper' oder ‚Elisabeth' im Theater saß, kamen ihm manchmal sogar die Tränen, gestand er leicht verlegen.

Ein Mann, der beim ersten Treffen zugibt, dass er weinen kann, das hat was, dachte sie.

Sie plauderten und aßen und plauderten und tranken, Friederike stilles Wasser, er französischen Weißwein. Schließlich bestellte er Mokka und chinesischen Reisschnaps, auch für Friederike. Sie kippte ihn hinunter und schüttelte sich. Auch daran hatten beide Spaß. Schön war's mit Arnold.

„Haben Sie sich schon oft per Annonce mit Frauen getroffen?", wollte sie schließlich wissen.

„Ja, das mache ich schon seit etwa drei Jahren so."

„Seit drei Jahren?" Friederike war irritiert. „Und bisher war keine dabei, die Sie ... ich meine, mit der Sie vielleicht in Richtung längerer oder ernsterer Beziehung ... wie soll ich sagen ... alles Flops? Entschuldigen Sie."

Überdeutlich spürte sie ihre roten Flecken unter dem Make-up und sie schaute auf ihre Stromhände, die wieder lebendig wurden.

„Sie brauchen das nicht als peinlich zu empfinden. Ist schon okay", sagte er und legte seine große, kräftige und warme Hand auf ihre kalte. Und sie entzog sich nicht, spürte es gern.

„Das ist doch sehr spannend. Ich lerne viele interessante und unterschiedliche Frauen kennen. Und das sind ja auch Erfahrungen, die einem verschlossen bleiben, wenn man sich zu früh auf eine Person einlässt. Ich bin noch jung, na ja, zu jung, um in Torschlusspanik zu geraten."

Jetzt zog sie ihre Hand zurück.

„Ach, Sie sind so eine Art Jäger und Sammler oder was?" Friederikes Alarmglocke schrillte.

„Nein, so ist das nicht. Ich suche schon den Partner fürs Leben, aber mit Geduld und Bedacht. Man soll nichts übereilen. Und ich gebe zu, dass es schon Spaß macht, Frauen kennenzulernen. Sonst hätten wir uns nie getroffen und ich hätte jetzt schon drei Kinder und einen Passat Kombi mit Dachgepäckträger und Kindersitzen. Würde Ihnen das besser gefallen?"

Und wieder sein Lachen, in das sie mit einfiel, ohne zu wissen, warum.

„Nein, gut Ding muss Weile haben, wie mein Opa immer sagte", log sie. Sie hatte nie einen Opa gehabt.

„Friederike, ich mache Ihnen jetzt mal ein Geständnis."

Das gefiel ihr wieder. Der Mann war so entwaffnend ehrlich.

„Ich hatte mal eine große Liebe. Die hat mir mein bester Freund weggeschnappt. Dafür habe ich ihm heftig seine schönen braunen Augen poliert. Ich weiß, das macht man nicht, aber es musste sein. Seitdem bin ich ein bisschen vorsichtig mit langfristigen Beziehungen. Aber eigentlich will ich so etwas ja auch. So habe ich mich erst einmal ein wenig herumgetrieben. Anfangs suchte ich meine männliche Bestätigung nur bei superschönen Frauen, so Modeltypen. Doch ich merkte bald, dass die hinter ihrer schönen Fassade ziemlich hohl sind. Dann habe ich mich eher auf Frauen – ich nenne das Mal – mit kleinen Fehlern verlegt. Also die nicht so superhübsch waren, etwas zu dick, etwas zu dünn, eine zu große Nase, eine hat sogar gehinkt. Und da habe ich eine Leidenschaft gefunden, einen Hunger, ich möchte fast sagen, eine Gier, die so heiß war, so anturnte, dass ich jetzt weiß, die schönen Grazien sind viel zu begehrt und viel zu verwöhnt, die haben kein Feuer mehr. Richtig geht es nur ab mit denen, die lange entsagt haben. Das ist wie beim Essen. Wer lange nichts zu essen gekriegt hat, haut besonders heftig rein, wenn der Tisch gedeckt ist. Verstehen Sie das?"

„Ja, ich glaube schon." Friederike spürte ihr Herz schreien, blieb aber still, noch.

„Ja, und ich glaube", plauderte Arnold ungezwungen, sogar sonderbar engagiert weiter, „dass Sie auch so eine Seele sind, die hungrig ist, nicht nur Ihre Seele, Ihr Körper ist hungrig, hungrig nach Erfüllung, nach Sich-gehen-lassen. Und dabei werden wir beide, Friederike, etwas Besonderes erleben. Komm, wir gehen zu mir, jetzt gleich."

Er schaute sie an mit tiefem blondem Blick, drehte sich dann weg, um den Kellner zu rufen.

Als er sich ihr wieder zuwandte, trafen sie wieder diese tiefblauen Augen. Friederike fühlte den Stromstoß jetzt in ihren Knien, schaute ihm trotzdem tief in die Augen.

Dann nahm sie sein frisch gefülltes Glas Wein und flüsterte: „Arnold, du bist das widerlichste Arschgesicht im gesamten Universum."

Ihm den Wein ins Gesicht zu schütten, aufzustehen, ihren Mantel vom Haken zu reißen und das Restaurant zu verlassen, war eine Kette von fließenden Bewegungen, wie beim Eiskunstlauf im Fernsehen. Gott sei Dank stand vor der Tür ein Taxi. Sie warf sich auf den Rücksitz. Das Taxi fuhr los. Friederike wurde zur steinernen Statue. ‚Die Sitzende', Katalog Nummer 13, anthrazitfarbener Granit, 130 x 45 cm auf Schieferplinthe, ein Werk für die, die auszogen, um das Fürchten zu lernen.

Am nächsten Morgen wusste sie nicht mehr, wie sie nach Hause und ins Bett gekommen war. Ihre letzte Erinnerung war die Flucht aus dem Lokal und das gelbe Auto. Gegen Morgen wachte sie auf. Bei dem Gedanken, ob sie ihm vielleicht ihre Adresse oder ihren Nachnamen verraten hatte, geriet sie in Panik. Sie sprang aus dem Bett und fuhr den PC hoch. Sie hatte alle E-Mails gespeichert, auch ihre eigenen. Nirgendwo war ihr Name oder die Adresse, gottlob. Ihr Kopf dröhnte. Ein Geschmack von Abfall im Mund; am Bett stand eine leere Flasche Wein.

Nein, habe ich die ganz alleine getrunken? Ich werde noch zur Säuferin. Schluss mit diesem Scheißspiel. Nie mehr, nie mehr. Ins Bett, verkriechen, wie damals als Kind, wenn Mutter ... vergeblich. Also weinen und weinen, bis der Schlaf sie erlöste.

Am frühen Nachmittag wurde sie wach, fühlte sich kaum besser und griff zum Telefon. „Hallo Marie, entschuldige, vielleicht störe ich dich jetzt gerade. Aber ich ... ich brauche dich jetzt, ... kann nicht mehr ... nichts geht mehr ... nichts wird gut ... bin völlig ...“ Ihr Hals war zu eng für weitere Worte und ihre Seele zu wund.

„Wo bist du?“

„Zu Hause.“

„Ich komme sofort. Bleib da. Tu nichts. Nur mach' die Tür auf, wenn's schellt. Leg dich ins Bett.“

Nach zehn Minuten war Marie da. Sie nahm Friederike in ihre Arme, ganz fest. Dann führte sie sie zum Sofa, fand eine Decke, deckte sie zu, ging in die Küche, machte Tee, belud ein Tablett mit Tassen und Kanne, kam ins Wohnzimmer zurück und setzte sich zu Friederike.

„So, und jetzt erzähl mal, was passiert ist?" Friederike hat Marie selten so ernst gesehen.

Bevor sie begann, musste Marie sie noch einmal in den Arm nehmen, sonst hielt sie es nicht aus. Dann berichtete sie ihren Albtraum, haarklein. So ist sie, die Friederike. Und nichts ist gut, nein.

## Das „Golden Date"

Es ist Freitag, genau sechs Wochen nach ihrem letzten Fiasko. Und sie hatte sich geschworen, dass es das letzte Mal gewesen war, mit diesen unsäglichen Internet-Gestörten, die nur nach Gespielinnen und Dienerinnen suchten. Das war nichts für sie. Gegen zwei Uhr nachmittags verließ Friederike das Schulgebäude. Sie hatte bis zur fünften Stunde unterrichtet, dann noch an Vorbereitungen für die folgende Woche gearbeitet, Arbeitsblätter kopiert und ein wenig mit Christian geredet. Er war der zweite Musiklehrer an der Schule, spielte in diversen Rock- und Jazzformationen und war deswegen für die Schüler ein Star. Kein Wunder, wie der sich mit Rap und Discomusik anbiederte. Von Alter Musik und Klassik hatte er keine Ahnung, so dachte zumindest Friederike. Sie kam sich klein und grau vor, als sie durch den herbstbunten Park zu ihrem Auto ging.

Sie öffnete die Wohnungstür, hängte ihren beigefarbenen Übergangsmantel ordentlich auf einen Bügel, stellte die Tasche neben ihrem Schreibtisch ab, zog die Schuhe aus, ging in die Küche, um Wasser für ihren Kräutertee aufzusetzen.

Ich habe ein ganzes Wochenende frei, alle Arbeit ist erledigt, Sonntag spielen wir im Dom, zusammen mit dem Madrigalchor. Wunderbar.

„Wunderbare Scheiße", entfuhr es ihr. „Prima, ich habe Zeit ohne Ende. Was mache ich damit? Ich bin tot, wenn ich Zeit habe. Keine Korrekturen, keine Protokolle, keine Vorbereitungen, kein Leben."

Im Streit mit sich selbst wanderte sie durch ihre Wohnung; Küche, Flur, Schlafzimmer, Wohnzimmer. Was habe ich vor ein paar Wochen mit einem freien Wochenende gemacht? Ein gutes Buch gelesen, Flöte und Klavier geübt, allein in ein Konzert ... ich war zufrieden, jetzt hasse ich das. Was ist mit mir los? Diese verrückte Idee mit diesen Kontakttreffen, das „Projekt Mann", ha, lächerlich, es ist Wahnsinn, das ist krank. Schluss mit dieser verdrehten Männerwelt, diesen gefühlsbehinderten Neandertalern, diesen geilen Halbaffen, endgültig Schluss.

Sie schaute auf die Vase auf der Anrichte, die alte japanische von ihrem Vater. Sie hätte sie gern an die Wand geschleudert, aber so etwas tat sie nicht, nicht Friederike, da musste noch mehr passieren.

Ich bin leer wie diese Vase, nur nicht so schön.

In der Küche pfiff der Kessel. Sie brühte sich den Tee auf und setzte sich an den Tisch. Der warme Tee half ihr ein wenig. Sie wählte die Nummer ihres Vaters. Er hatte sein Handy abgestellt. Sie versuchte es mit dem Anschluss ihrer Eltern und legte sofort wieder auf. Angst vor der Mutter, immer noch. Marie wird noch nicht zu Hause sein. Sie tippte die Firmennummer ein.

„Hallo Marie, ich bin's", meldet sie sich, bevor Marie nur einen Ton sagen kann.

„Was ist, eine neue Katastrophe?"

„Nein, keine Angst. Ich wollte nur ... ich gehe dir bestimmt schon auf den Geist. Du, ich weiß nicht ..."

„Lass mal. Um fünf im Café, okay?"

„Ja, ich bin da, pünktlich."

„Das ist mir klar."

„Danke."

Das kleine Mauerblümchen Friederike mit ihrer Seele wie ihre Röcke, grau und voller Falten, saß bei ihrem Kräutertee, der ihr plötzlich nicht mehr schmeckte und wusste nicht weiter. Doch Marie zu treffen verhieß ein wenig Zuversicht.

Schon eine Viertelstunde saß Friederike bei einem stillen Wasser im ‚Chez nous' und schaute auf die Tür, als endlich Marie hereinrauschte.

„Hi, Friederikchen, Wochenend und Sonnenschein, ist das nicht herrlich?!", rief sie schon von Weitem. Sie umarmten sich. Wenigstens das klappte jetzt.

„Zwei Piccolöchen, und zwar flott!", rief sie lachend zur Theke, „oder bist du mit der Kutsche da?"

„Nein, aber du weißt, ..."

„Ich weiß gar nichts. Nur, dass du manchmal, wahrlich selten genug, auch einen wegschnabbelst. Ende der Diskussion."

„Aber genau das will ich nicht mehr. Das ist doch alles ..."

„Das ist alles okay. Was nicht okay ist, das ist deine ganze Männeraktion. Lass mich erst mal 'n Schlückchen Sekt nippen, dann reden wir mal Klartext."

„Warum bist du so aufgedreht?" Friederike hasste Maries allzu gute Laune.

„Ach, Kindchen, ist nichts. Ich habe zwei Tage frei, das Wetter ist zum Weinen schön. Heute Abend gehe ich mit Norbert zu Herbie Hancock ins Jazz-Forum und morgen Abend kriegen wir Besuch. Da wird was Leckeres gekocht. Ist das nicht Grund genug?"

„Schön für dich", giftete Friederike.

„Was ist mit dir? Musst du das ganze schöne Wochenende über den schmierigen Heften deiner ekeligen Kröten sitzen und Fehler anstreichen?"

„Nein, ich habe auch frei. Aber das ist es ja gerade."

„Häh?" Marie verstand nicht immer alles.

Die Piccolos kamen. Marie füllte beide Gläser und prostete Friederike zu.

„Hör doch mal auf mit deiner aufgesetzten Fetenstimmung. Das ist ja peinlich." Strichmündig und verspannt saß sie da, die Friederike.

„Pass mal auf! Ich habe eine Scheißwoche mit ganz viel Stress hinter mir. Und wenn du mir meine Laune verderben willst, kann ich ja gehen. Wer hat eigentlich wen angerufen, he?!" Maries gute Stimmung hat schon den Hut in der Hand.

„Das war gemein!" Ihr Blick suchte ihre Schuhe.

„Entschuldige." Maries Augen hielten sich am Aschenbecher fest.

Schweigen.

„Es ist nur", begann Friederike wieder, "dass ich auch endlich mal ein ganzes Wochenende freihabe und ich komme mir so überflüssig vor. Ich bin so leer. Und neidisch. Du hast so tolle Dinge vor, Konzert und Gäste und ich …" Sie wusste eben nicht weiter.

„Ich denke, du hast Sonntag einen großen Auftritt in deiner Kirche?"

„Wie du das sagst ‚deine Kirche'." Ihr Blick lernte ihre Schuhe auswendig.

„Jetzt unterstelle mir mal nichts, ja?!"

„Entschuldige."

„Hör auf, dich dauernd zu entschuldigen. Trink Sekt!"

„Na gut." Friederike nippte vogelgleich.

„Kannst du auch richtig trinken?"

„Na gut." Sie nahm einen größeren Schluck.

„Na, geht doch." Auch Marie trank „Das ist ja 'n echtes Männergespräch."

Beide mussten lachen. Das Eis schmolz.

„Marie, das ist nämlich so: Erstens haben mich diese beiden Männertreffen ziemlich aus der Bahn geworfen. Ich habe nicht gedacht, dass es so unverschämte Kerle gibt."

„Hast du 'ne Ahnung. Es gibt noch viel beklopptere als die. Aber egal. Ich kann dir nur den Rat geben, lass es sein, auf diese Art zu einem Mann zu kommen. Daran sind schon härtere Kolleginnen unserer Spezies gescheitert. Das macht dich nur fertig. Das geht auch anders, mit mehr Geduld allerdings."

„Bei dir vielleicht."

„Bei dir auch, und zwar gerade bei dir, eben nur mit mehr Geduld."

„Und das Zweite ist, dass ich heute so alleine bei mir zu Hause saß und gemerkt habe, dass ich keine Freunde habe, außer dir natürlich und ein paar Kollegen und die Musiker, aber das sind keine Freunde. Und drittens, dass ich vielleicht deswegen nervig bin für dich und dass ich dich vielleicht deswegen verlieren werde, weil dir bald mal der Geduldsfaden reißt. Ich rufe immer an, du bist immer für mich da, hast aber auch viel Anderes um die Ohren und ich bin zickig und neidisch und … hab sonst niemand … außer meinen Vater, der immer unterwegs und nie da ist, verstehst du?" Nun konnten sie sich wieder gut in die Augen sehen.

„Jetzt mache ich auch mal mit erstens, zweitens, drittens. Erstens: Wenn du mich nervst, werde ich dir das schon sagen. Und das hast du ja auch öfter mal erlebt. Zweitens: Wenn ich das sage, ist damit unsere Freundschaft noch lange nicht beendet. Die ist nämlich viel wichtiger, als mal genervt zu sein. Viel wichtiger, auch für mich. Aber das scheinst du zu wenig wahrzunehmen. Drittens: Für Freundschaften musst du auch was tun. Triff dich mit den netten Leuten nicht nur im Lehrerzimmer oder beim Proben in der Kirche. Sprich sie an, frag sie nach ihren Sorgen, nach ihrem Spaß, nach ihrem Leben. Du wirst sehen, dass viele dankbar sind dafür und gerne mit dir zusammen sein wollen. Lass mal Nähe zu. Und das ist viel einfacher, als den Mann fürs Leben zu finden. Das glaub mir. Was hab' ich für ein Schwein mit Norbert. Und das war reiner Zufall, nicht Menschenkenntnis. Und viertens: Blas diese ganze Männerkennenlernaktion im Internet ab. Dazu bist du ein viel zu zartes Pflänzchen. Und das ist nichts Schlimmes. Darauf kannst du stolz sein. Und fünftens: Trink endlich dein Glas aus, der Sekt wird warm! Puh!" Marie war ganz rotwangig.

Friederike nahm ihr Glas und einen tiefen Schluck, schaffte es natürlich nicht ganz, im Gegensatz zu Marie.

„Das mit den Internet-Neandertalern hab' ich schon längst abgehakt. Ach Marie, ich liebe dich." Friederikes Augen lernten schwimmen.

„Ich dich auch. Warum sind wir eigentlich nicht lesbisch. Dann hätten wir keine Probleme mehr mit den Kerlen", grinste sie.

„Ich bitte dich, Marie, nicht so laut." Damit konnte Friederike nicht umgehen.

Sie goss den Rest aus den kleinen Fläschchen in die Gläser, um etwas zu tun und prostete ihrer Freundin zu. Dann saßen sie noch eine Weile und redeten und redeten, wie alle Frauen auf der Welt es tun. Als sie sich verabschiedeten, sagte Marie:

„Und wenn dir morgen Abend die Decke auf den Kopf fällt, komme einfach vorbei. Wir sind zu Hause. Der Besuch ist ein alter Freund von Norbert, ein netter Kerl, aber kein wollüstiger Frischfleischjäger, eher ein bisschen träge. Also keine Angst. Du hast Schonzeit, du scheues Reh."

„Ja, danke, aber ich glaube, ich halte es schon aus mit mir. Mit mir, der verstaubten Männerhasserin." Sie sagte das mit einem Lächeln. Auch die Umarmung schafften sie ohne Unfall. Und sie tat ihr gut, der Friederike.

Als sie nach Hause ging, merkte sie plötzlich, dass sie pfiff. Eine ihrer Flötenmelodien aus der Renaissance.

Zuhause angekommen, blinkte ihr Anrufbeantworter. Das tat er nur sehr selten. Ihr Vater hat eine Nachricht hinterlassen:

*Hallo Prinzessin, ich bin für zwei Tage in der Stadt. Hast du morgen schon etwas vor? Melde dich, mein Handy ist ab jetzt eingeschaltet. Ich freue mich. Kuss, Papa.*

Sofort rief sie ihren Vater zurück und verabredete sich mit ihm zum Frühstück für den nächsten Tag im ‚Chez nous', wo auch sonst. Sie ging früh zu Bett und schlief traumlos und tief.

Ihr Vater war zu selten zu Hause, früher wie heute, immer auf Reisen, Geschäfte machen. Er arbeitete schon seit sie denken konnte als Kaufmann in einer großen Firma in der Auslandsabteilung und flog durch die Welt. Er tat es immer noch. Jetzt war er dreiundsechzig und nichts hatte sich geändert. Sie kannte ihn nur als Gast, nicht als Vater. Doch wenn er da gewesen war, endlich zu Hause, früher, dann hatten sie ‚Pferd' gespielt und sie war auf ihm durch die ganze Wohnung geritten. Er hatte ihr Geschichten und Märchen aus fremden Welten erzählt. Er hatte kein Märchenbuch gebraucht, wie ihre Mutter. Und seine Geschichten von Zauberern und Hexen, Drachen und Monstern, Prinzen und Prinzessinnen waren viel spannender als Mutters Kinderbücher. Wenn er da war, war alles gut. Früher wie heute. Zu selten.

Sie war früher in der Schule gut vorangekommen. Doch ihrer Mutter hatte es nicht gereicht. Sie wollte Einsen sehen, keine Zweien. Ihre Tochter sollte nicht gut, sondern hervorragend sein, besonders in Mathematik. Sie war schließlich Diplommathematikerin. Dieses Wort konnte Friederike schon schreiben, als andere Kinder noch gar nicht wussten, dass es das Wort überhaupt gab.

An Friederikes elftem Geburtstag hatte ihre Mutter ihren Lebensvorwurf das erste Mal klar ausgesprochen. Nach vielen Diskussionen hatte sie endlich ein paar Freundinnen einladen dürfen. Sieben handbemalte Einladungskarten hatte sie in der Klasse verteilt, drei Mädchen waren gekommen. Sie hatten gerade Kakao getrunken und Kuchen gegessen, aus dem Supermarkt, nicht selbstgebacken, als Friederike ihren Becher umwarf und der Kakao über die Tischkante auf den Teppich floss.

„Nie kannst du aufpassen!", hatte sie geschrien, „dann gibt es eben keinen Kakao mehr, jetzt kriegst du nur noch Wasser! Du bist eine Plage. Wenn du nicht da wärst, wäre ich Professorin an der Uni und keine Hausfrau, die dir deine Klamotten hinterher räumt und Kakao aus dem Teppich rubbelt!"

Ganz hektisch hatte sie auf den Knien gelegen und den Kakao aus dem Teppich zu reiben versucht, schimpfend, nicht fluchend, denn das gehörte sich nicht.

Die drei Mädchen waren dann schnell gegangen. Friederike musste früh ins Bett. Ihre Mutter verharrte, still weinend, mit leeren Augen auf dem teuren Ledersofa.

Sie war der Grund, warum Friederike direkt nach dem Abitur ausgezogen war, mit Unterstützung ihres Vaters, der die Miete bezahlt und das Studium finanziert hatte. Den Konzertflügel hatte sie nicht mitnehmen dürfen. Der gehörte der Mutter, ihrer Feindin. Als das Haus leer stand, weil ihre Mutter auf Reisen war, hatte sie den Flügel abholen und in ihrem Wohnzimmer aufstellen lassen. Das war ihre Rache gewesen. Seitdem gab es keinen Kontakt mehr zwischen Mutter und Tochter.

Am Samstag wachte Friederike schon früh auf und dachte sofort an das Treffen mit ihrem Vater. Sie zwang sich, lange Klavier und Flöte zu üben, um ihrer Aufregung Herr zu werden. Dann wählte sie sorgfältig aus den vielen Grautönen ihrer Garderobe das Feinste und verließ heißwangig das Haus.

Um elf betrat sie das Café. Er war schon da. Sie umarmten sich, beide strahlten. Dann frühstückten sie, plauderten, lachten und spaßten. Es war herrlich. Anschließend machten sie einen langen Spaziergang durch den herbstlichen Wald. Sie erfuhr, dass er nur noch selten nach Hause kam, vielleicht zwei bis drei Mal im Jahr. Er hatte längst eine andere Wohnung in Hamburg, war nur noch offiziell in der Stadt gemeldet, ertrug es nicht mit ihr, seiner Frau, ihrer Mutter. Er erzählte Friederike nichts von seiner neuen Freundin, sie ihm nichts von ihren Nichtfreunden. Der Tag segelte dahin, getragen vom Aufwind des gelassenen Charmes ihres Vaters. Sie war glücklich an diesem Tag. Am frühen Abend verabschiedeten sie sich. Er musste zurück nach Hamburg oder sonst wohin. Sie umarmten sich und versprachen einander sich häufiger zu sehen, wie jedes Mal. Sie war nicht traurig, nur ein wenig allein, als sie nach Hause ging. Die Nähe hatte ihr gut getan.

Eine ganze Weile konnte sie mit ihren Gedanken und Erinnerungen an ihren Vater ihre Stimmung von Nähe und Melancholie wachhalten. Doch dann brach plötzlich die Einsamkeit wie ein Gewitter über sie herein. Doch sie wollte nicht weinen, nicht Marie anrufen, nicht fernsehen, nicht Klavier spielen, nicht Flöte üben, nicht Musik hören, nicht immer diese alte, verstaubte, längst gestorbene Musik, nicht in diese akustische Gruft, ihre Gruft. Zu all den alten Menschen, mit denen sie musizierte, sang, Traditionen künstlich am Leben hielt. Aus Verzweiflung machte sie sich drei Spiegeleier auf Toast mit Butter. Sie schaltete in der Küche das Radio ein, um die Einsamkeit besser zu ertragen. Klaviermusik. Sie hörte zuerst nicht zu, schlang ihre Spiegeleier hinunter, nahm aber dann diese Klaviermusik wahr. Was waren das für Töne, was passierte da? Sie wurde ganz ruhig und aufmerksam zugleich, entspannte sich immer mehr. Und schließlich weinte sie, ohne traurig zu sein. Es war die Musik. Am Ende der Aufzeichnung des Konzertes hörte sie den Namen des Pianisten: Keith Jarrett, im Jazzforum auf WDR 5. Das schrieb sie auf, ohne zu wissen, wie man diesen Namen richtig schreibt.

Gegen neun Uhr am Abend verließ sie das Haus und ging zu Marie, ihrer Freundin Marie.

Friederike schellte, der Türöffner summte, sie trat ein und vier Stufen höher stand Marie vor der offenen Wohnungstür.

„Da bist du ja. Schön, dass du dich getraut hast. Komm rein!", sagte Marie, als hätte sie schon auf Friederike gewartet.

„Danke", flüsterte Friederike mit dem Blick zum Boden.

„Jetzt schau nicht so devot. Ich hab doch gesagt, dass es okay ist."

Friederike hängte ihren Mantel ordentlich an die Garderobe. Marie führte sie ins Wohnzimmer und stellte sie vor:

„Norbert kennst du ja. Und das ist Leander, ein alter Freund von Norbert, und jetzt auch von mir. Das ist Friederike, meine beste Freundin. Setz dich doch."

Was hat sie gesagt, ich bin ihre beste Freundin?! Ein breites Lächeln öffnete ihr Gesicht, ihr Blick strahlte.

„Hallo Norbert, guten Abend Leander."

Sie setzte sich Leander gegenüber an den runden Esstisch, auf dem noch Geschirr, Besteck und eine große Auflaufform stand. Und Brot auf einem Holzbrett, ein großes Messer, Krümel, eine Wasserflasche,

Ouzo, kleine und große Gläser, Servietten, Wein; ein schönes Durcheinander.

Marie holte ein Weinglas, schenkte ihr ein und fragte: „Hast du Hunger? Wir haben noch jede Menge über. Ist auch alles noch warm. Leander und Norbert haben gekocht, Lammragout an mediterranem Gemüse, es ist zum Reinlegen, mit Ciabatta und einem dunklen Spanier", schwärmte sie.

„Ja, gern, aber nur ein bisschen."

„Ich bringe dir einen Teller und Besteck. Sekündchen. Dann bedien dich selbst", sagte Marie und verschwand in der Küche.

„Schön, dass du wieder mal reinschaust. Ich habe dich ja lange nicht gesehen", leitete Norbert das Gespräch ein. „Das letzte Mal war das nach deinem Konzert in der Pauluskirche. Friederike ist Musikerin, musst du wissen", wendete sich Norbert an Leander. "Sie spielt in einem Holzblasensemble Renaissance- und Barockmusik. Das hat mir gut gefallen, das Konzert. Diese Musik ist so fröhlich und gleichzeitig so geordnet. Und so weit weg, zum Träumen schön."

„Wenn ich ehrlich bin, kann ich mir kaum etwas unter Renaissancemusik vorstellen, Barock schon eher, aber auch kaum mehr als vage, entschuldige, ... entschuldigen Sie."

„Das Du ist schon in Ordnung, das macht alles einfacher. Ich bin Friederike", kam es aus ihr heraus und ließ sie erschrecken. Sie spürte wieder ihre roten Flecken am Hals. Doch sie zwang sich ihn anzusehen.

„Ja klar, ist mir recht, natürlich." Leander wirkte verlegen. Das freute Friederike. Die Flecken wurden blasser.

„Und du brauchst dich nicht zu entschuldigen, das ist keine Bildungslücke, jedenfalls keine unverzeihliche. Diese Musik hat keine große Anhängerschaft mehr. In der E-Musik sind die Klassiker, wie Beethoven, Brahms, Liszt und Mozart natürlich die Dauerbrenner. Dann die Romantiker, vorneweg Chopin, und langsam werden auch Stockhausen und Schönberg breiter anerkannt. Aber sie werden nicht geliebt." Friederike bewegte sich jetzt auf sicherem Terrain und fühlte sich gut. Sie gab sich eine Spatzenportion aus der Auflaufform auf ihren viel zu großen Teller und begann zu essen.

„Übrigens, das Essen ist traumlecker, wirklich köstlich", lobte Friederike.

„Ein Rezept von Leander", bemerkte Marie.

„Lass man, das ist nicht mal ein Rezept." Leander schien Lob verlegen zu machen.

„Das ist unglaublich, Friederike", erklärte Marie, „Leander geht einfach in einen Supermarkt, schaut sich um, was es so gibt, kommt mit einer Riesentasche voll Gemüse, Fleisch und irgendwelchen obskuren Gewürzen hier an, schmeißt alles in einen Topf und das schmeckt, als hätte Lukullus höchstpersönlich gekocht. Das ist doch genial und unverschämt zugleich. Aber den Roten habe ich besorgt, der passt doch gut, oder?"

Friederike nippt und sagt: „Exzellent, der Tropfen."

„Nicht nippen, trinken, Rikchen."

„Na gut, aber nicht Rikchen sagen." Sie lachten beide und stießen an.

„Du bist Berufsmusikerin und kannst davon leben, mit dieser Art von Musik?", fragt Leander nach.

„Nein, ich bin Lehrerin für Musik und Mathematik am Gymnasium. Die Flötengruppe ist nur ein Hobby."

„Das Konzert war wirklich schön, obwohl ich ja sonst mehr auf Jazz stehe", lenkte Norbert das Gespräch auf seine musikalische Vorliebe.

Und so plätscherte die Unterhaltung weiter. Auch Leander mochte Jazz, Marie mehr Soul. Namen von Interpreten, Combos und Gruppen wurden genannt, gelobt oder getadelt, als genial oder banal hervorgehoben oder abgetan.

Friederike schwieg, aß und trank. Selten hatte ihr etwas so gut geschmeckt, selten hatte sie sich so wohl gefühlt. Sie nahm noch einen Nachschlag. Während die anderen redeten, schaute sie sich Leander an, unauffällig:

Er schien zwischen vierzig und fünfzig zu sein. Zwei tiefe Furchen liefen von den Flügeln der großen Nase zu den Mundwinkeln. Der Mund war weich, die Lippen geschwungen, fast klassisch griechisch, ein wenig feminin. Auf der Stirn zeigten sich Grübelfalten, wenn er anderer Meinung war. Seine Augen waren dunkel und wach. Und wenn er lachte, war er ein Junge. Die Stirn wurde glatt, der Mund breit, zeigte helle, schöne Zähne zwischen dem Schwung der Lippen und Lachfalten um die Augen. Sein Haar war dunkel und lockig, an den Schläfen erstes Grau. Starke Wangenknochen im schmalen Gesicht, Dreitagebart, grauschwarz. Seine Erscheinung sah etwas vernachlässigt aus. Sein Körper konnte den weiten schwarzen Pulli nicht ausfüllen, so dünn war er. Friederike holte sich zurück in die Wirklichkeit. Sie hatte ihr Essen beendet, stand auf, um abzuräumen.

„Lass doch, Friederike, werde bloß nicht ungemütlich", griff Marie gleich ein.

„Entschuldige, ich dachte nur ..." Ihre Unsicherheit war wieder bei Fuß.

„So meinte ich das doch gar nicht." Marie kam zu ihr, legte von hinten die Arme um sie und küsste sie auf die Wange. „Ich liebe dich doch." Friederike drückte Maries Arme mit ihren kalten Händen. Ihre Ruhe kehrte zurück.

Ihre Freundin schenkte ihr Wein nach und lachte: „Auf uns Frauen, die sich noch lieben können, ohne sich zu schämen." Sie tranken einen großen Schluck, beide.

Sie spürte den Rotwein wie einen Gebirgsbach in den Adern; schönes rauschendes Leben.

„Was hältst du, als Expertin, denn vom Jazz?" Leander mochte das Schweigen nicht.

„Ach herrje. Da habe ich nur böse Antworten für Jazzfreunde wie euch. Diese Musik ist mir zu ... zu ..., wie soll ich sagen, zu unordentlich. Die Harmonien zu schräg, der Rhythmus zu gehetzt, die Themen zu banal, die Improvisationen zu beliebig, so zufällig, nicht durchkomponiert. Nicht umsonst habe ich auch Mathematik studiert. Es soll doch alles seine Ordnung haben, die Mathematik ist, nicht wie viele glauben eine Naturwissenschaft, es ist eine Philosophie der Ordnung."

Sie nahm einen großen Schluck und kam sich mutig vor, die kleine Friederike.

„Ach ja, interessant." Norbert sammelte seine Wortsoldaten zum Gegenangriff. „Würden also Mathematiker reichen, die sich mit Technikern der unterschiedlichen Disziplinen zusammentun, um unser Leben zu systematisieren? Wo bleibt da der Tanz, die Musik, das Theater, die Literatur, die bildenden Künste? Ist das alles unnötiger Ballast in der Entwicklung der Menschheit?"

„Nein, so meine ich das nicht, so streng bin ich gar nicht."

„Hört, hört, wie gnädig", warf Marie ein.

„Jetzt bleib doch mal bei der Sache, das ist mir wichtig." Friederike war ganz beim Thema und ganz beim Wein. "Die Künste, und besonders die Musik, sind wichtig für unsere Gefühle. Die schließe ich ja gar nicht aus. Aber auch die Emotionen brauchen eine Ordnung, eine nach Werten geordnete Reflexion, wie im Theater – der Held stirbt, wir wissen warum, und wer der Gute und der Böse ist – Katharsis eben, und einen strukturierten Platz zum Ausleben, wie in der Musik. Nicht umsonst bleiben unsere Klassiker umjubelt seit Jahrhunderten. Sie spiegeln den Kern unserer Emotionalität wider."

„Ach", wieder Norbert, „du meinst so etwas wie einen pädagogisch durchdachten Kinderspielplatz für die Gefühle, ja? Und was ist mit den ungeordneten Gefühlen, die sich da nicht einsortieren lassen? Liebe, Hass, Trauer, Eifersucht, Aggression und Zärtlichkeit sind nicht so. Schon die Höhlenmenschen haben gemalt, hätten sie stattdessen besser ein Mammut erlegt? Die Werke von Michelangelo, Rembrandt, Monet, Picasso, Duchamp, Warhol und Beuys haben nicht geordnet, sondern alte Ordnungen zerstört, um neue Wege frei zu machen. Sie hatten ganz viel mit Gefühlen zu tun, mit ungeordneten Gefühlen. Sogar in KZs wurde gemalt und Musik gemacht, um nicht verrückt zu werden. Wo bleiben die spontanen Gefühle dabei, das Unerklärliche, die Individualität?"

„Ach, ich weiß auch nicht auf alles eine Antwort. Aber ich habe Angst vor der Unordnung in der Welt und besonders vor der Unordnung der Gefühle. Schau dir das doch an in den Zeitungen. Am laufenden Band erschießen irgendwelche durchgeknallten Familienväter erst Frau und Kinder und dann sich selber. Da fehlt die Ordnung der Werte, die lebenserhaltenen Richtlinien."

„Richtlinien, das hört sich jetzt schwer nach Lehrerin an", höhnte Norbert.

„Das ist gemein." Friederike schwitzte, das war selten. Ihre roten Flecken blühten am Hals. Sie trank noch einen Schluck und spürte das Rauschen im Kopf jetzt unangenehm.

„Friederike hat recht. Die letzte Bemerkung war unter der Gürtellinie", urteilte Marie. „Ich als Tischälteste verurteile dich zu einer geistreichen Entschuldigung." Marie war leicht blau.

Norbert erhob sich ernst, schritt um den Tisch zu Friederike und bat sie aufzustehen. Er kniete vor ihr nieder, nahm ihre Hand und sagte: „Getreue Hüterin der menschlichen Werte, ordnende Hand im Chaos der Menschheit, darf ich, nichtsnutziger Narr und verirrter Hörer allerbösester Jazz-Kakofonien, dich um Verzeihung bitten und meine ehrlich gemeinte Reue in einem Handkuss zum Ausdruck bringen?"

Er küsste ihre Hand. Fast wollte Friederike sie ihm entziehen, riss sich aber zusammen. Die anderen beiden lachten und applaudierten. Sie stimmten mit ein. Norbert nahm sie leicht in den Arm und küsste sie auf die Wange.

*Friederike sucht einen Mann*

„Das war wunderbar", musste Friederike zugeben. „Jetzt weiß ich, was du an ihm findest", meinte sie zu Marie und zu Norbert gewandt: „Hast du mal einen Ritterkurs auf Burg Waldeck mitgemacht?"

Für Friederike war die Welt wieder in Ordnung. Diese Entschuldigung hatte sie ein wenig verzaubert. Sie räumten plaudernd den Tisch ab und trugen alles in die Küche. Friederike wollte spülen. Marie sagte: „Lass nur."

Dann setzten sie sich in die weichen Ledersofas im Wohnzimmer. Marie nahm die Gläser mit und füllte nach.

„So viel Wein wie heute habe ich selten getrunken. Mir ist schon ganz anders", stellte Friederike fest. Sie saß neben Leander.

„Ich kann dir auch Wasser bringen", sagt Marie und holt es.

„Ja, das ist nett." Sie fühlte sich ganz warm und weich in dieser Runde. Ich habe Freunde. Sie lächelte und lehnte sich zurück. Dabei spürte sie die Schulter des Fremden und rückt ab.

„Lass nur, ist schon schön so", sagt Leander. Auch er saß, gelassen die Beine von sich gestreckt, in den weichen Polstern. Er wirkte etwas müde auf sie. Alle warteten auf einen neuen Gesprächsanfang.

„Ich will ja kein Öl ins Feuer gießen", nahm Leander die Unterhaltung wieder auf, „und die Diskussion nicht noch einmal entfachen. Man kann über viele Dinge reden, sich auch die Köpfe heiß diskutieren, ist ja auch spannend. Es gibt aber auch andere Wege sich auseinanderzusetzen, zum Beispiel über die Sinne. Nennen wir es ein Experiment zum Thema Jazz. Friederike, ich möchte dir jetzt ein Musikbeispiel vorstellen. Ich lege eine CD auf und du hörst fünf Minuten oder vielleicht auch nur zwei Minuten zu. Dann sagst du mir, was du davon hältst. Einverstanden?"

„Gut, einverstanden." Friederike wollte keine Spielverderberin sein. Und eine Gesprächspause brauchte sie auch, wegen des vielen Weins. Leander legte eine CD auf und setzte sich wieder neben Friederike.

Die Musik begann mit ganz wenigen Klaviertönen, blieb verhalten, wurde langsam wach, schwang sich auf, nahm sich wieder zurück ...

Das kenne ich doch, das habe ich heute schon einmal gehört. Nicht genau dieses Stück, aber die Art, diese Wirkung, dieses Davon-getragen-werden, dieses Schwerelose ... dachte sie, schloss die Augen, spürte jetzt wohltuend den Rausch des Weines in den Adern und ließ sich treiben auf dem Fluss dieser Musik.

Sie merkte nicht, dass Marie und Norbert sich mit leisem Gruß von Leander verabschiedet hatten, merkte nicht, dass die Musik schon weit über fünf Minuten spielte, merkte nicht, dass sie ihren Kopf an Leanders Schulter gelegt hatte und dass ihr die Tränen über das Gesicht liefen.

Nach genau sechsundzwanzig Minuten und zwei Sekunden herrschte Stille. Sie schlug ihre Augen auf, hatte nicht geschlafen, hatte nur gehört, spürte Leanders Schulter an ihrem nassen Gesicht und erschrak.

Sie setzte sich kerzengerade auf und brachte ein „Ich bin nicht eingeschlafen. Ich wollte auch nicht weinen. Leander ..." hervor. Wollte aufspringen, sich entschuldigen, wollte weg, hatte sich gehen lassen.

Er hielt sie zurück, sanft.

„Lass nur. Bleib hier." Er legte seinen Arm um sie. Sie bemerkte, dass er das vorher nicht getan hatte, als sie so versunken war, ließ es zu, schämte sich und genoss es. Sie legte wieder ihren Kopf an seine Schulter.

„Und?" Jetzt erst nahm sie seine Stimme als tiefe sonore Wärme wahr. Diese Stimme.

„So eine ähnliche Musik habe ich heute schon einmal gehört. Heute Nachmittag im Radio, WDR 5. Ich habe mir den Namen des Pianisten gemerkt. Er hieß ..."

„Keith Jarrett, ja. Das legendäre Kölner Konzert,1975. Einer der größten Jazzer unter der Sonne."

„Das war wunderschön. Auch heute Nachmittag habe ich geweint, war aber nicht traurig. Es war die Musik, wie gerade, genau die Musik. Ich war schon oft beim Hören und besonders beim Spielen von Musik glücklich, manchmal fast euphorisch, habe aber nie geweint bei Musik, höchstens aus Kummer, aber nicht, nur weil die Musik da war."

Stille.

Das zweite Stück hatte längst begonnen und bildete den Teppich, auf dem ihre zufällige Zweisamkeit ruhte.

„Ich wollte dich nicht in Verlegenheit bringen, als ich die Musik auflegte. Ich konnte mir ja auch gar nicht vorstellen, wie du reagierst. Ich wollte damit nur zeigen, dass das Erfahren anders ist als das Reden. Davon lebt das Leben. Etwas erfahren, tun und spüren, damit umgehen und handeln, und letztendlich natürlich auch reden. Aber reden über das, was man erlitten, erlebt, gefühlt hat; all das Unsägliche an Glück und Unglück und Schmerz und Hass und Liebe ist nicht geordnet. Es schlägt zu. So unvermittelt wie der Meteorit bei den Dinosauriern. Leben heißt sich dem auszusetzen, damit zu leben, es zu genießen oder es zu erleiden. Aber warum sag ich dir das? Eigentlich wollte ich dir nur ein Musikbeispiel aus dem Jazz vorführen, das direkt unter die Haut geht, um dir eine Tür zu öffnen für eine Musik, die Beachtung verdient."

„Aber warum sagst du all das von Schmerz und Leid und Erleben? Gibt es denn so viel Chaos in deinem Leben?"

„Damit will ich dich nicht verstören. Das ist meine eigene Geschichte."

„Du willst mir eine Tür öffnen und verschließt deine eigene. Ich verstehe dich nicht."

„Die Tür zum Jazz ist eine andere als die Tür zu meiner Vergangenheit."

„Ja, wir kennen uns ja gar nicht, entschuldige, der Wein und die Musik. Ich muss jetzt nach Hause."

Sie setzte sich auf, wollte aber noch nicht aufstehen.

„All das wollte ich gar nicht sagen. Dass diese Worte den Weg aus mir heraus zu dir gefunden haben, tut mir sehr gut und weh zugleich. Das liegt an dir. Vielleicht klingt es albern. Aber dafür danke ich dir, Friederike."

Leander nahm sie in den Arm. Dann stand sie auf und nahm ihren Mantel von der Garderobe.

„Soll ich dir eine Taxe rufen?"

„Nein, es ist nicht weit. Ich brauche jetzt frische Luft. Und du?"

„Ich schlafe hier."

Sie standen an der Tür, unschlüssig.

„Können wir Freunde werden?", fragte sie leise.

„Ja, ich glaube schon!"

Friederike machte einen Schritt auf Leander zu, küsste ihn auf die Wange und rannte hinaus.

Können wir Freunde werden?

Das war das Erste, was Friederike in den Sinn kam, als sie am nächsten Morgen wach wurde. Aber wie:

Der Kater, der sie quälte, war bissig. Er verschlang alle klaren Gedanken und machte sich mit Kopfschmerzen und Selbstvorwürfen über sie her. Friederike war nichts als Peinlichkeit und Scham:

Ich habe mich hemmungslos betrunken, mich am Hals eines Unbekannten ausgeheult und ihm meine Freundschaft aufgedrängt. Ich habe jede Haltung verloren. Werde ich langsam verrückt, weil ich meine geordneten Bahnen verlassen habe? Ich will endlich zurück in mein normales Leben. Es ging mir doch gut vorher, vor diesem „Projekt Mann".

Friederike ging ins Bad, musste sich an Wänden stützen, übergab sich sauer, fand Aspirin, Bett und Schlaf.

Gegen zwei Uhr am Nachmittag wurde sie wach. Können wir Freunde werden, war wieder ihr erster Gedanke. Dann die Erinnerung an seine Antwort: Ja, ich glaube schon. War die Frage denn wirklich so schlimm? Und seine Antwort hatte nicht ironisch geklungen, eher warmherzig. Er hatte auch viel Wein getrunken. Warum soll ich mich nicht auch mal betrinken? Darf ich nicht auch mal Gefühle zeigen, spontan sein? Ja, ich darf!

Jetzt fühlte Friederike sich schon besser, war zwar immer noch müde und verkatert, aber es ging. Und Leander ging, und zwar ihr nicht mehr aus dem Kopf. Weil sie nichts mit sich anzufangen wusste, setzte sie sich an den Computer und gab bei Google-Bild den Namen Leander ein. Sie kannte seinen Nachnamen nicht. Sie blätterte die Bilder durch, fand einen Kinderbetthersteller, einen Blumenliebhaber, Zarah Leander, Leander Haußmann und ... da war er: Leander Kollberg. Sie klickte das Bild an und öffnete so seine Website. Er war Grafikdesigner und entwarf Plakate und

Layouts für Bücher und Zeitschriften. Im Impressum fand sie seine Telefonnummer. Sie schrieb sie schnell auf und schloss das Programm, als habe sie etwas Verbotenes getan.

Sie erinnerte sich an sein Gesicht, das ihr ganz nah gewesen war, so ernst, ein wenig verlebt und so jungenhaft, wenn er lachte. Seine Hände, so feingliedrig, waren immer in Bewegung, wenn er sprach. Ja, Leander war ein ehrlicher Mensch. Das glaubte sie. Und ein trauriger. Seine ganze Haltung zeigte eine Melancholie, die sie sehr anrührte. Ein Seelenverwandter.

Friederike war verliebt.

Sie las Liebesgedichte, die sie mitten ins Herz trafen. Dazu hörte sie das Kölner Konzert von Keith Jarrett auf Youtube.

Ja, morgen werde ich ihn anrufen, dachte sie. Ab jetzt bin ich nicht mehr vernünftig, ab jetzt bin ich nur noch verliebt!

Als Friederike am Montag aus der Schule kam, nahm sie das Telefon und den Zettel mit Leanders Nummer.

Jetzt oder nie, sagte sie sich und wählte seine Nummer, zitternd, schwitzend, mit signalrotem Hals. Seine Stimme, der Anrufbeantworter. Sie legte schnell wieder auf. Am Abend versuchte sie es noch einmal:

„Ja, hier Kollberg."

Friederike sprang auf, spürte förmlich ihre roten Halsflecken aufblühen.

„Hallo Leander, ich bin's, Friederike."

„Ach ... hallo. Woher hast du denn meine Nummer?", fragte er erstaunt.

„Ich habe dich im Netz gefunden, hatte ja vergessen, dich danach zu fragen. Ist das schlimm?"

„Nein, wenn ich unauffindbar sein wollte, hätte ich keine Website."

„Ich wollte nur fragen, wie es dir gestern so ging. Hattest du auch so einen Kater. Ich trinke sonst eigentlich nie oder kaum was." Sie kam sich so banal vor.

„Ja, ich war gestern auch etwas lädiert."

„Ich fand diesen Abend sehr interessant, besonders die Gespräche über Musik. Ich wollte dich fragen, ob ..."

„Ja, fand ich auch. Entschuldige, aber ich muss dich jetzt abwürgen, ich bin auf den Sprung zu einem Termin und will nicht zu spät kommen. Ist wichtig. Du kannst dich ja die Tage noch mal melden. Mach's gut, Friederike." Aus.

‚Was war das denn? Hatte er es so eilig? Ja, vielleicht, bestimmt sehr eilig. Kennt man ja. Auf dem falschen Fuß erwischt. Oder will er mit mir nichts zu tun haben? War ihm das peinlich?', dachte sie und fühlte sich leer.

Am nächsten Tag versuchte sie es wieder. Es war keiner zu Hause. Am Mittwoch traute sie sich erst nicht, dann abends doch, sie fühlte sich einsam. Sie sprach auf seinen Anrufbeantworter, er solle sie zurückrufen. Er tat es nicht. Am Donnerstag war sie erfolgreich: die Verabredung mit Leander, am Samstag, bei ihm. Er wollte kochen.

Am Samstag, gegen halb acht bestellte Friederike sich ein Taxi. Das tat sie sehr selten. Aber heute war ein Ausnahmetag. Unter dem leichten Mantel trug sie ein dunkelrotes Kleid und halbhohe schwarze Lackschuhe. Ihren Hals hatte sie vorsorglich mit dem deckenden Make-up behandelt, einen Hauch Rouge und etwas

Lippenstift aufgelegt. Sie steckte noch eine CD mit Renaissancemusik ein.

Das Taxi hielt vor einem freistehenden Haus in einer der feineren Wohngegenden. Als sie die Fahrt bezahlte, stand Leander schon in der Haustür.

„Willkommen in meiner Burg, mein Fräulein", witzelte Leander und gab ihr die Hand. Sie war warm und trocken, ihre nicht.

„Das mit dem Fräulein lassen wir lieber", entgegnete sie forsch. Er nahm ihr den Mantel ab, führte sie ins Wohnzimmer und ließ sie auf einem alten Ledersofa Platz nehmen. Nach einem Begrüßungssekt und ein wenig Geplauder über den gemeinsamen Abend, sagte er, er müsse dringend in die Küche wegen des Essens. Sie solle sich ruhig etwas umsehen. Fremde Behausungen seien ja immer ganz interessant zu begutachten. Er war distanziert, sie stockssteif, alles fremd.

Nach zehn Minuten kam Leander mit einer dampfenden Auflaufform zurück und stellte sie auf einen kleinen Tisch, der für zwei Personen gedeckt war, zu der Salatschüssel und dem schon geöffneten Wein. Sie nahmen Platz.

Beim Essen verriet er ihr, dass er in dieser Woche viel hatte arbeiten müssen, heute auch noch lange an Entwürfen gesessen hatte und deswegen nicht so aufwendig gekocht habe, aber der Lachs auf dem Tomatenbett ganz einfach zuzubereiten sei. Ums Kochen würde eh zu viel Theater gemacht. Man müsse doch nur in einen Laden gehen, schauen, was angeboten würde und ein paar Zutaten kombinieren. Das wichtigste seien sowieso die Gewürze und die Zubereitungsart.

*Friederike sucht einen Mann*

Friederike konnte das nicht und kam sich ganz klein und dumm vor. Sie sprach von ihrer Arbeit in der Schule, er von seiner als Grafiker.

Sie waren sich fremd, wie Eisbär und Pinguin.

Nach dem Essen ließen sie sich beide auf das Ledersofa fallen. Die Weingläser hatte Leander gefüllt und mitgenommen.

Das geht so nicht, dachte Friederike, nahm ihr Glas und hob es an: „Leander, ich danke dir für deine Einladung. Du hast wunderbar gekocht. Auch wenn du meinst, das sei alles sehr einfach, für dich vielleicht, aber nicht für mich. Ich bin froh, wenn ich einen Salat hinkriege, der nur etwas besser schmeckt als Kaninchenfutter."

„Entschuldige, ich wollte dich nicht kränken."

„Ja, ich bin manchmal etwas empfindlich. Aber das kannst du ja nicht wissen. Schließlich kennen wir uns ja noch nicht so gut."

„Das kann ja noch werden, oder?", lächelte er jungenhaft. Ja, da war er wieder, wie sie ihn mochte. Sie stießen an und tranken. Sie einen großen Schluck.

„Jetzt machen wir das Experiment von neulich einmal umgekehrt. Ich habe Musik mitgebracht, die ich dir vorspielen möchte. Ein Stück nur, keine Bange. Und dann sagst du, was du dabei empfindest. Nummer drei, bitte."

Sie gab ihm die CD und er legte sie auf.

Es ertönte ein Stück mit Flöten, Krummhörnern und Lauten.

Während sie der Musik schweigend lauschten, sahen sie sich nicht an, bis der letzte Ton verklungen war. Als das Nächste begann, schaltete Leander ab.

„Und?" Erwartungsvoll sah sie ihn an.

„Schön."

„Ist das alles?"

„Nein, langsam. Ich suche nach Worten. Also ... es klingt sehr ... feierlich, nach Adel bei Hofe, nach Menuett, Ball, festlichen Gewändern, Einzug des Herrschers, nach Glorie, Sieg ... Ist es eine Huldigung an den König? Ich weiß es nicht."

„Nein, das meine ich nicht. Du sollst nicht raten, zu welchem Anlass es gespielt wurde, sondern sagen, was es bei dir auslöst", forderte Friederike streng.

„Ja, das hatte ich schon verstanden. Aber es löst emotional nichts aus. Es ist klar, es strahlt, es ist ... sonst nichts."

„Schade", sie schaute zu Boden, knetete ihre kalten Hände, „Es ist wunderbar, ein Minne-Stück, also die Musik, die ..."

„Ich weiß, was Minne bedeutet."

„Entschuldigung."

„Friederike, hör mal, wenn du mit dieser Musik etwas verbindest, ist das doch gut so, aber ich muss doch nicht unbedingt das Gleiche empfinden", sagte er sanft, wie zu einem Kind.

„Na gut, hätte ja sein können. Bei deiner Musik habe ich ja auch ..."

„Ja, aber manchmal klappt das nicht, das Eins-zu-eins. Bist du jetzt traurig", lächelte er wieder so, wie sie es mochte.

„Ach nein, du hast ja recht", grinste sie schief.

Schweigen, für Friederike ein schwarzes Loch. Sie trank noch einen kräftigen Schluck. Er tat es auch, damit sie nicht auffiel.

„Erzähl mir von dir, deinen Eltern, wie war es zuhause bei dir. So kann ich dich besser kennenlernen als über Barockmusik."

„Renaissance!"

„Pardon."

Jetzt lachten beide. Das Eis begann zu schmelzen.

So erzählte sie von ihrer kalten Mutter, von ihrem Vater, der sie liebte, aber so selten da war. Dann von ihrer ersten Liebe, mit sechzehn, zu Johann, der sie als erster geküsst hatte, aber Priester werden wollte und statt sie die Muttergottes geheiratet hatte. Und schließlich von Thomas, mit dem sie schlief, weil er sie attraktiv fand, aber verheiratet war, zwei Kinder und ein Eigenheim mit Schulden hatte, und nie auf die Idee gekommen wäre, mit ihr durchzubrennen. Und von ihrem Fleiß, vom Studium, von der Schule und ihrem unbedeutenden Leben und endete:

„Ich werde in zwei Monaten dreißig und habe noch nichts erlebt. Ich habe dir gerade mein Nicht-Leben erzählt. Die typische graue Maus, verstehst du. Das ist bitter. Aber ich bin eigentlich nicht gekommen, um zu jammern."

„Ach, Friederike, das stimmt doch gar nicht. Du hast viel erlebt, wenn auch nicht gerade das Schönste. Und dass du davon so erzählen kannst, zeigt doch, dass du dir dessen bewusst bist. Das ist doch der Ansatz, das zu ändern. Wir sehen uns heute erst zum zweiten Mal und du kannst so von dir reden. Du kannst Vertrauen aufbauen, um mir davon zu erzählen. Du erkennst, was sie mit dir gemacht haben und weißt, was dir fehlt. Das ist doch schon mal was."

„Ja, das sagst du jetzt so."

„Komm mal her", und er nahm sie in die Arme, drückte sie kurz und ließ sie wieder los. Sie wollte nicht gelassen werden, ließ es aber zu.

„Komm, wir trinken noch einen", konnte sie lächeln und Leander stimmte zu.

Als Leander nachgegossen hatte, fragte sie: „Wie alt bist du eigentlich?"

„Aha, jetzt bin ich wohl dran, was?"

„Na klar, Seelenstriptease ist angesagt."

„Also ich bin 45 Jahre alt, habe Grafik studiert, arbeite selbstständig, meist zuhause an meinem PC. Zu Terminen mit Kunden muss ich natürlich raus aus meiner Burg. Habe von meinen Eltern dieses Haus hier geerbt."

„Das ist langweilig. Erzähl von Zuhause, wie war das?"

„Es war schön. Ich hatte großartige Eltern, sehr locker, sehr freakig. Sie starben bei einem Autounfall, ist schon lang her."

„Oh, das tut mir leid", Friederike schaute auf ihre Hände. „Ich bin zu direkt, oder?"

„Du willst es gleich ganz nah, was?"

„Darf ich was Anderes fragen?"

„Bitte schön!", antwortete Leander mit ernster Miene.

„Und ... wenn ich das fragen darf ... lebst du allein ... hast keine Frau, keine Kinder? Ich meine, so ein Mann wie du, der ...", sie wusste nicht weiter, fand sofort ihre Fragen falsch.

„Nicht jeder ist so offen wie du. Das ist ein Kapitel, mit dem ich noch nicht ... Das geht zu weit ..."

„Du bist aber nicht jeder, Leander."

Friederike drehte sich zu ihm hin, sah ihn an und streichelte ihm durchs Haar, rückte näher, suchte sei-

*Friederike sucht einen Mann*

nen Blick. Er rückte ab, schaute sie an und fragte: „Wir versuchen, Freunde zu werden, richtig?"

„Ja, Leander, wir sind Freunde. Und das ist so schön." Ihr Gesicht näherte sich seinem, bereit zum Kuss.

Schnell stand er auf: „Nun gut, aber dazu muss ich erst noch eine Flasche Wein köpfen." Ein Grund, der Nähe zu entfliehen. Er kam mit neuer Flasche und setzte sich ihr gegenüber in einen Sessel.

„Ich mach's kurz. Ja, ich hatte eine große Liebe. Sie ist tot ..., nein, nicht einfach tot, umgekommen, hündisch, erbärmlich krepiert. Harte Dogen. Punkt. Aus. Schluss!", schmallippig mit abgewandtem Gesicht goss er den Wein in ihre Gläser, schaute auf seine Hände, die jetzt kalt und verkrampft waren.

„O Gott, Leander", entfuhr es Friederike.

„Du hättest nicht fragen sollen", lachte er kalt.

„Ja, aber auch du musst doch wieder zurückfinden, in das Leben."

„Das habe ich doch. Ich habe mich nicht erhängt oder erschossen, bin von keiner Brücke gesprungen. Und wie du bei Norbert und jetzt auch vorhin erlebt hast, kann ich doch gut gelaunt und gesellig sein." Er nahm sich einen Schluck Wein.

„Ja, das kann ich ja auch, manchmal." Sie setzte sich auf die Lehne des Sessels und strich ihm über den Rücken. „Ja, wir zwei geprügelten Hunde. Dich hat das Leben verhauen, mich einfach links liegen gelassen. Der eine zu viel, die andere zu wenig vom Leben. Ja, Seelenverwandter, wir beiden gehören zusammen."

Und sie suchte die Umarmung, wollte den Kuss, glaubte ihn zu finden, schlang ihre Arme um seinen Hals, wollte ihn ganz. Hart nahm er sie an den Handgelenken, öffnete ihre Arme und wehrte sie ab.

„Stopp! Stopp! Stopp!", rief er und hielt sie mit ausgestreckten Armen auf Abstand. „Da verstehst du etwas völlig falsch. Ich habe von Freundschaft gesprochen, nicht von mehr. Was du willst, kann ich nicht und will es auch nicht!"

Friederike sprang auf, rannte in den Flur.

„Ja, es ist besser, wenn du jetzt gehst", rief er ihr hinterher.

Doch sie kam zurück.

Nackt.

Ihr dürrer Körper bebte vor Verzweiflung und Verlangen.

„Nimm mich, Leander, du kannst mit mir machen, was du willst, nur, nimm mich. Ich will dich und du willst mich auch. Ich bin genau so dünn wie du, du bist genauso allein wie ich. Wir haben beide das gleiche Unglück. Lass uns glücklich sein. Ich liebe dich, ich werde dir all die Wunden heilen, ich kann das, ich bin stark, nimm mich und ich bringe dir Glück."

Sie wollte auf ihn zulaufen, als er schrie: „Halt! So nicht und gar nicht! Zieh dich an und verschwinde, sofort!"

Da brach sie zusammen, die kleine magere Friederike, wimmerte und jankte, wand sich auf dem Boden, der ihr unter den Füßen zerbrach, sie stürzen ließ in ein Elend unbekannter Tiefe.

Leander half ihr auf, suchte ihre Kleidung zusammen, rief ein Taxi, forderte sie auf sich anzukleiden und befahl ihr, auf der Straße auf den Wagen zu warten.

Friederike gehorchte stumm.

Als Leander allein war, rief er bei Norbert an und bat ihn eindringlich, dass Marie sich um Friederike kümmern solle, es sei wichtig.

Am nächsten Tag erfuhr Leander von Marie, Friederike
sei jetzt in der Psychiatrie.

## Taubes Gefühl

## 1

Aus dem Wohnzimmer hörte sie den Klangteppich
ihrer Familie. Über die Weihnachtsmusik aus dem
Fernseher und über das gedämpfte Stimmengemur-
mel der Erwachsenen erhob sich wie ein Violinensolo
hell und klar das Juchzen und Kreischen der kleinen
Janine. Simon wird sie bestimmt wieder in die Höhe
werfen. Das hat sie so gerne, dachte Maria in der Küche.

Der Akkord der Türglocke mischte sich unter die
vielstimmige Komposition familiären Glücks und ließ
Maria aufhorchen. Schnell eilte sie zur Tür, öffnete sie
und nahm ihren Sohn Max in die Arme.

„Na, endlich bist du auch da! Bist wieder mal der
Letzte", lachte sie in sein Gesicht, drückte ihm einen
Kuss auf die Wange, die er vergeblich wegzudrehen
versuchte.

„Stell dich nicht so an, Großer. Schließlich bin ich
deine Mutter!", wies sie ihn burschikos zurecht, um sich
nichts anmerken zu lassen. „Jetzt sind wir komplett."

Einmal im Jahr, zu Weihnachten, schafften sie es,
sich ohne Ausnahme und Ausrede im Elternhaus zu
treffen, die ganze Familie: Maria und Simon, ihr Sohn
Max, ihre Tochter Johanna, die ältere von beiden, mit
ihrem Alex und seit drei Jahren mit dem Goldstück
der Familie, der Enkeltochter Janine. Max war noch
nicht fest liiert, sagte, er sei noch zu ‚young and wild‘,
halte Ehe für ‚Hölle, Hölle‘, müsse ‚vorher noch die
Welt retten‘ oder ‚einen Drachen töten‘.

Ja, lustig ist er, ohne Zweifel, dachte Maria besorgt.

Die Begrüßung hallte laut aus dem Wohnzimmer, als Maria schon wieder in der Küche verschwunden war.

„Simon, sorgst du für den Champagner? Sind doch jetzt alle da!", rief sie zum Wohnzimmer hinüber.

„Kann jetzt nicht, hab Janine auf dem Arm."

Kein anderer kümmerte sich. Maria kam angerauscht, nahm die Sektflöten aus dem Schrank, eilte zurück in die Küche zum Kühlschrank, ließ den Korken knallen, schenkte ein, stellte die Flasche in den Kühler, verteilte die Gläser, huschte wieder in die Küche, um Eis zu holen, hörte aus dem Wohnzimmer Simons Stimme: „Lasst uns anstoßen auf ein fröhliches und entspanntes Familienweihnachten in alter Tradition, prosit, auf uns!" Gläser klangen und Lachen flirrte durch den festlich geschmückten Raum.

Das hatte Maria schon ganz früh erledigt. Dekorieren geht nur, wenn keiner im Weg steht, war ihr Motto.

Maria kam mit dem Eis, kippte es in den Kühler und schaute in die geschlossene Runde ihrer Familie, die sich schon in Gespräche verflocht.

„Ach, ihr habt schon ..."

Sie nahm ihr Glas vom Tablett und prostete den anderen zu. Keiner nahm sie wahr, nur Simon erwiderte den Gruß: „Na, Maria-Schatz, wieder mal den Startschuss verpasst? Prost, auch auf dich."

Sie nippte kurz, wollte noch etwas Entschuldigendes erwidern, eilte dann aber schnell in die Küche zurück, um den Backofen aufzureißen und nach dem Bœuf Bourguignon zu sehen. Schnell noch einen Schluck Roten darüber gießen.

Die Küche, das war ihr Reich. Dort fühlte sie sich sicher und souverän. Sie war stolz darauf, die vielen kulinarischen Köstlichkeiten für ein Fest wie Weihnachten ganz allein herzustellen. Dazu kam noch die Dekoration, die Geschenke und das Schmücken des Baumes.

Jetzt noch den Apfel für den Rotkohl in kleine Würfel schneiden und dazugeben. Der Rotkohl wartete schon fertig in der Schüssel. Nelken raussuchen, Apfelwürfel rein, Schluck Sahne drüber, unterrühren und in die Mikrowelle, auf Stand-by, Braten raus, geschmortes Beiwerk in den Mixer, dann ab in die Soße, Löffel Senf und Pesto dazu, Schluck Sahne, durchrühren, abschmecken, Prise Salz fehlt noch, Lorbeer und Rosmarin schmeckten gut durch, Topf mit Salzwasser für Knödel aufsetzen auf kleiner Hitze hinten rechts auf den Herd, war dann heiß für gleich, nach der Bescherung, wenn gegessen wurde, alles reibungslos, Dessert fertig, stand kühl auf dem Balkon, Vorsuppe, Broccoli-Creme mit frischen Pfifferlingen, fertig auf dem Herd, hinten links, Ciabatta in den Ofen, nein noch zu früh, aber Gemüseauflauf und Kartoffelgratin in den Ofen auf mittlerer Hitze, alles im Fluss. Das Kindergedeck fehlte noch.

Ruf ins Wohnzimmer: „Simon, kannst du dich bitte um die Kerzen kümmern?"

So. Fertig. Schürze ab, dann ins Bad, Blick in den Spiegel, einmal durchs Haar, Spritzer Parfüm, ein wenig Lippenstift, alles klar und raus: Bescherung!

Simon öffnete die Tür, alle Lampen waren aus, nur der Baum erstrahlte im weihnachtlichen Glanz der zahlreichen Naturwachskerzen. Der Fernseher war ausgeschaltet, Gott sei Dank. Aus den Boxen erklang „Stille Nacht". Nur Maria sang mit. Max las die Weihnachtsgeschichte vor, zumindest die wichtigsten Sätze, vielleicht etwas zu schnell.

Für Simon hatte Maria das neue Buch von Sarrazin über Europa ohne Euro gekauft. Als traditionsbewusster Banker war er, Simon, schon immer gegen den Euro gewesen. Er packte es aus und legte es zurück unter den Baum, ohne hineingesehen zu haben. Die Widmung von Maria blieb ungelesen. Er rang sich ein „Danke, Schatz" ab.

„Ein Hemd, ein Hemd", intonierte Max mit unverhohlenem Spott, „von der Mutti, die immer Angst hat, dass ich nackig aus dem Haus gehe."

Im Kragen fand er mehrere braune Euroscheine.

„Ja, das hat's aber in sich, wenn ich ihm an den Kragen gehe", strahlte er nach seinem Fund. Sie strahlte zurück, doch ihre Blicke trafen sich nicht.

Für die junge Familie, Johanna, Alex und Janine, gab es von allen zusammen einen Gutschein über einen Kurzurlaub in einer Ferienanlage in Scheveningen, mit Kinderbetreuung.

Die kleine Janine saß mitten in einem Haufen plastikbunter, vorwiegend baby-rosa-Streichelpferde-Kämm-und-Anziehpuppen mit entsprechendem Zubehör. Vor lauter Geschenken fing sie an zu weinen.

Maria erhielt wieder ein von allen geschnürtes Weihnachtspaket mit einem Buch, das sie sich gewünscht hatte („Sommerlügen" von Bernhard Schlink), einem Kochbuch, das sie sich nicht gewünscht hatte („Indische Küche leicht gemacht") und dem schon obligatorischen Sauna-Wellness-Gutschein (jetzt zum fünften Mal), den sie immer ihrer Freundin Inge schenkte, weil sie es gar nicht einsah, ihren fünfzig Jahre alten, an den üblichen Problemzonen aus Norm und Form geratenen und ausgeleierten Körper zwischen den jungen und zumeist straffen Bodys zur Schau zu stellen, die sich da gepierct und sonnenbankverbrannt auf den Saunabänken aalten und sie mit der Arroganz der Jugend und mitleidigen Blicken verspotteten. Ob sie den Gutschein selbst nutzte oder nicht, interessierte sowieso keinen.

Eine gute halbe Stunde lang wurde ausgepackt, begutachtet, gespöttelt und gelästert, meist auf Kosten eines Anderen, der dann bös zurück witzelte, bis Janine wieder schrie und Simon fragte: „Und? Willst du uns verhungern lassen?"

So trug Maria ihre Köstlichkeiten auf, servierte die Vorsuppe, schnitt den Rinderbraten an, erhitzte den Rotkohl, rührte die Soße glatt, fischte die Knödel aus dem Wasser, stellte Aufläufe und Gratins auf den festlich gedeckten Tisch, räumte ab zwischen den Gängen, brachte Neues, saß immer nur kurz und zwischendurch mit am Tisch, um hastig ein wenig zu essen, damit sie sich wenigstens ansatzweise von einer Köchin, Serviererin oder Bediensteten unterschied.

Simon kümmerte sich um die Getränke, indem er diverse geöffnete Flaschen auf einen Teewagen gestellt hatte und vorschlug sich selbst zu bedienen. Schließlich sei dies ja nur ein Familienfest und kein Staatsbesuch.

Ihre Familie lobte in den höchsten Tönen den Öko-Metzger für das gute Fleisch, den Türken an der Ecke für das frische Gemüse, den Bäcker für das Brot, die Firma Bosch für die neue Induktionstechnik am Herd und die Kochbücher für die schmackhaften Rezepte. Nur keiner die Köchin.

Nach dem Essen brachte Johanna ihre Tochter ins Bett.

Nachdem Maria alles abgeräumt, die Spülmaschine eingeräumt und in der Küche aufgeräumt hatte, setzte sie sich aufs Gästeklo und weinte.

Nach ein paar langen Minuten konnte sie sich wieder zusammenreißen, ging ins Bad, richtete ihre Frisur, legte Rouge und Wimperntusche auf, und zog die Lippen nach, korallenrot. Im Schlafzimmer wählte sie das kleine Theater-Schwarze und die Lack-High-Heels, dazu die Korallenkette, passend zum Lippenrot. Der Blick in den Spiegel bestätigte ihr Gefühl: Ich sehe großartig aus.

Als sie das Wohnzimmer betrat, wurde es auf einmal ganz still.

„Wow, Mutti, was hast du denn heute noch vor?", kam es von Max.

„Hey, Mama, du siehst rattenscharf aus, super!", bestätigte Johanna.

„Maria, Kompliment! Man könnte dich glatt für die ältere Schwester von Johanna halten. Ich bin beeindruckt!", parodierte Alex, der Schwiegersohn, den Charmeur alter Schule.

„Schatz, was ist denn in dich gefahren?", lachte Simon kopfschüttelnd. „Je oller, je doller."

Maria nahm in einem Sessel der Sitzgruppe Platz und bat Simon um ein Glas Rotwein.

„Steht alles auf dem Teewagen", war die Antwort.

„Simon, bitte, sei so gut!", zwang sie ihn mit eingefrorenem Lächeln.

Er verdrehte die Augen, kam aber ihrer Bitte nach.

„Und, Alex, was macht die Karriere?", begann sie das Gespräch mit ihrem Schwiegersohn.

„Die sieht ganz gut aus. Aber viel hängt immer von der Kurslage ab und vom eigenen Riecher. Das ist kompliziert."

„Dann erklär's mir. Bin ja nicht blöd", beharrte sie kaltlächelnd.

„Also, Simon ist Banker und ich bin Broker. Das ist so wie der Unterschied zwischen einem Intendanten eines städtischen Theaters und einem freischaffenden Schauspieler, ohne Festanstellung."

„Das klingt ja nicht gerade nach Sicherheit und Kontinuität."

„Nein, es ist abenteuerlich, riskant und nicht auf Posten ausgerichtet, also, ruhige Kugel schieben geht da nicht. Aber es bringt unheimlich viel Geld, wenn man keine großen Fehler macht."

„Und wenn doch?"

„Na ja, ..."

„Maria, jetzt tu' doch nicht so, als würdest du das verstehen", knallte Simon dazwischen. „Du hast dich bisher nicht mal ansatzweise für die Struktur von Bank- und Finanzgeschäften interessiert. Und jetzt verlangst du, dass wir dir am Heiligen Abend mal eben ..."

„Ich verlange gar nichts, Schatz", klang es scharf aus ihrer eisigen Wut. „Ich habe Alex nur gebeten, mir etwas zu erklären."

Sie trank ihr Glas aus, ging zum Teewagen, wählte den guten 2005er Bordeaux Grand Cru und füllte ihr Weinglas großzügig.

„Schatz, nicht den ...", entwich es Simon.

Er wäre am liebsten aufgesprungen, um ihr die Flasche zu entreißen. Gute Weine waren nach einem unausgesprochenen Gesetz für Simon und Alex reserviert, denn nur die beiden hatten Ahnung von Wein. Schließlich hatten sie einmal zusammen eine ganze Woche lang an einem Weinseminar in der Nähe von Bordeaux teilgenommen. Simon hatte drei Tage gebraucht, um sich davon zu erholen.

„Gönnst du mir den Bordeaux nicht, heute, zum Fest der Liebe? Das ist wohl Perlen vor die Säue, meinst du."

„Doch, doch, ist schon gut, nur weil du sonst nie..."

„Oh, ich habe mit einer Gewohnheit gebrochen, verzeih", entgegnete sie sarkastisch und nahm einen kräftigen Schluck.

„Der ist aber lecker. Da merke sogar ich Weinbanause einen deutlichen Unterschied zu unserem Alltagsgesöff."

Maria nahm wieder Platz in ihrem Sessel und bat Max um eine Zigarette.

„Mutti, du rauchst?", fragte Max amüsiert, bot ihr eine an und gab ihr Feuer.

„Ja, hier und da, wenn ihr alle nicht dabei seid", antwortete sie verschmitzt und trank einen weiteren Schluck.

Stille Nacht im Wohnzimmer.

„Wie geht es dir, mein Kind? Wir sehen uns so selten", wandte sich Maria an Johanna und stärkte sich mit dem exquisiten Tropfen für das Gespräch.

„Ach gut, ja gut. Danke", stolperte es aus ihr heraus. „Du weißt ja, wie das ist mit einem kleinen Kind."

„Ja, das weiß ich. Aber wie ist es für dich?"

„Auf der einen Seite bezaubernd, aber auch ganz schön anstrengend. Ich stemme das ja meistens allein. Alex hat zu viel zu tun."

„Und? Willst du noch ein Zweites? Wenn ja, dann rat ich dir, macht es bald. Lass den Abstand nicht zu groß werden." Und wieder ein Schluck aus dem großen Glas.

„Ach, ich weiß nicht, wir wissen noch nicht, wir sind uns da ...", lavierte Johanna mit Hilfe suchendem Blick auf ihren Gatten.

„... nicht einig?", ergänzte Maria und zu Alex gewandt: „Was ist mit dir? Willst du kein Zweites? Oder hast du Angst, dass dir die Kurse unter den Füßen wegbrechen oder dir die Spekulatien ausgehen?", lachte sie.

Max stimmte mit ein und wollte sich kaum einkriegen vor Spaß. Maria leerte ihr Glas und zog an der Zigarette.

„Findest du nicht, dass du dich da nicht einmischen solltest, Schatz?", schritt Simon energisch ein. „Du hast zu viel Wein intus, meine Liebe!"

„Nein, das finde ich nicht. Und wenn, dann kann sie mir das selber sagen. Ihr müsst ja nicht zuhören, ihr Männer. Es ist genug Platz, sich aus dem Weg zu gehen. Setzt euch an den Kamin, raucht Zigarren, trinkt Cognac und tut weltmännisch. Das steht euch am besten. Dafür lieben wir euch, wir dummen Puten", schlug Maria ihnen vor und lachte kurz auf.

„Jetzt werde nicht albern, meine Liebe", leitete Simon seinen Rückzug ein und sie wechselten tatsächlich ans prasselnde Kaminfeuer.

Maria ging wieder zum Teewagen, nahm den Rest vom guten Wein, fand einen Aschenbecher, nahm ihn mit hinüber zu Johanna, fand den Sessel, in dem diese gerade noch gesessen hatte, aber leer.

*Taubes Gefühl*

„Sie wollte mal nach der Kleinen sehen", erklärte Alex.

„Du hast sie vertrieben mit deiner Indiskretion, Schatz", kam es von Simon.

„Sie wird schon gleich wiederkommen", vertröstete Max.

Maria wartete zwei Zigaretten und ein Glas Wein lang schweigend auf ihre Tochter. Doch sie blieb verschwunden.

„Meine Tochter ist ein Feigling", zischte sie und gesellte sich zu den Männern.

Simon und Alex sprachen über Banken. Etwas Anderes konnten sie nicht. Nur manchmal fachsimpelten sie auch über Segeljachten, wenn es um Urlaub ging. Dabei waren beide noch nie über das Ijsselmeer hinausgekommen, aber es klang sehr seemännisch und weltmeerisch. Max blätterte gelangweilt in einem Magazin.

„Was ist denn heute mit dir los, Mutti? Du bist so aufgekratzt und lustig. So habe ich dich ja noch nie erlebt", begann Max, „aber Johanna scheinst du verscheucht zu haben."

„Ja, schade. Da wollte ich einmal etwas von ihr mitbekommen und schon zieht sie sich zurück."

Sie nahm eine weitere Zigarette von ihrem Sohn und dazu einen Schluck Wein, bevor sie weitersprach: „Vielleicht verscheuche ich dich gleich auch noch, aber um eines wollte ich dich schon lange bitten: Kannst du bitte aufhören, mich ‚Mutti' zu nennen. Dieses ‚Mutti' halte ich nicht mehr aus. Sag Mutter oder Mama oder einfach Maria, aber nicht MUTTI!"

„Liegt das am Wein?", fragte Max verdutzt.

„Was? Dass ich endlich mal direkt und ehrlich bin?"

„Ja, du bist so anders."

„Woran das liegt, sag ich dir nicht. Das musst du schon alleine rauskriegen, mein Sohn", antwortete sie bitter. „Und frag jetzt nicht schon wieder, was mit mir los ist."

„Okay, okay. Ich finde dich so, also wie heute Abend, auch viel spritziger. Ja, ist schon in Ordnung."

„Ja, wenn das so ist, kann ich dich ja auch mal fragen, wie es dir so geht. Und du antwortest mal ehrlich."

„Ach, du hast heute so einen Ehrlichkeitstag? Hatte ich auch schon mal."

„Du weichst aus."

„Gut."

„Gut, was?"

„Meine Antwort ist: Mir geht es gut", lächelte Max.

„Du bist jetzt dreiundzwanzig, studierst seit acht Semestern Wirtschaft. Wie läuft es denn, wann bist damit fertig, wann machst du den Abschluss? Du hast noch nie eine Freundin mit nach Hause gebracht. Was ist mit deinem Liebesleben, bist etwa schwul?", bedrängte sie ihn.

„Jetzt ist aber langsam gut. Du hast wirklich zu viel Wein getrunken, da hat Vati ganz recht", entrüstete er sich. Und nach einer kurzen Pause: „Und was wäre, wenn ich das Studium total ätzend fände, längst nicht mehr zur Uni ginge und ... wirklich schwul wäre? Was wäre dann? Würde sich da wirklich jemand von euch dafür interessieren oder ginge es dann nur darum, mir Vorwürfe um die Ohren zu hauen und alles zu vertuschen, um einen Skandal zu vermeiden, in der wohlsituierten Bankerfamilie. Aber sei beruhigt. Ich bin keine Tunte."

„Nein, ich würde mich sehr freuen, wenn du mit mir darüber reden würdest. Hier in diesem Haus hat man schon seit Jahren aufgehört, miteinander zu reden. Man betreibt Konversation wie ein Gesellschaftsspiel, aber man redet nicht mehr miteinander, sorgt sich nicht mehr umeinander, interessiert sich nicht mehr für den Anderen und das halte ich nicht mehr aus."

„Jetzt hör aber mal auf. Wir sind erwachsen. Jeder hat sein Leben und ein Recht auf Privatsphäre. Ich frage dich ja auch nicht, wie du mit deinen Wechseljahren klarkommst oder wie deine Ehe mit Vati so läuft."

„Ja, leider. Keiner fragt mehr. Alle dümpeln dahin auf dem flautigen Meer der Oberflächlichkeiten."

„Jetzt wirst du auch noch poetisch. Du hast wirklich zu viel getrunken. Oder ist das eine Art Weihnachtsmelancholie? Ich gehe jetzt schlafen, muss morgen früh raus, wollte schon um acht von hier los."

„Morgen ist der erste Weihnachtstag, warum musst du denn so früh weg?"

„Ich sag nur: Privatsphäre."

Max stand auf und verabschiedete sich genervt mit den Worten: „Krieg dich wieder ein. Gute Nacht, Mutti." „Nein, nicht MUTTI!", schrie Maria ihn an.

Max ging. Simon und Alex verstummten und schauten zu ihr hinüber.

„Schaut bloß nicht so blöd, ihr Geldautomaten. Was ist das für ein Fest! Zum Kotzen!", giftete sie die beiden Männer am Kamin an.

„Ich glaube, du gehst auch besser zu Bett, Schatz. So viel Wein wie heute hast du schon lange nicht mehr getrunken. Das bekommt dir nicht. Morgen sieht die Welt schon wieder anders aus", versuchte es Simon.

„Ja, ja. Ich schlafe heute in deinem Arbeitszimmer. Nicht, dass du mich nachher vermisst, wenn du ins Bett gehst. Gute Nacht ihr beiden."

Maria nahm die Zigaretten, die Max vergessen hatte, einen Aschenbecher und ihr neues Buch mit nach oben, holte sich eine weitere edle Flasche Wein aus dem Keller, dazu ein neues Glas und eine Decke. Damit verschwand sie im Arbeitszimmer, in dem eine bequeme breite Ledercouch stand, auf der man gut schlafen konnte. Als sie all das zusammenräumte und hochtrug, spürte sie ein taubes Gefühl in ihren Fingerspitzen.

Sie nahm das Buch von Bernhard Schlink ,Sommerlügen', las den jeweils ersten Satz der Geschichten, wie sie das oft bei Erzählbänden tat. Der erste Satz der letzten Geschichte ließ sie zusammenzucken wie von einem Stromschlag getroffen:

> *„Der Tag, an dem sie aufhörte, ihre Kinder zu lieben, war nicht anders als andere Tage."*

Von diesem Satz infiziert, ließ sie sich in den Strudel der Handlung und Figuren ziehen, trank keinen Wein, rauchte keine Zigarette, sah nicht einmal auf, bis sie den Text aufgesogen hatte, wie ein Schwamm. Eine ganze Stunde lang. Und es war eine gute Stunde, empfand Maria. Und wieder war da dieses Taubheitsgefühl in ihren Fingern.

Mit dem Buch in der Hand schlief sie ein.

*Taubes Gefühl*

**2**

Sie schreckte auf. Ein Geräusch hatte sie geweckt. Die Leselampe neben der Couch warf einen Kegel warmen Lichts auf ihren Schoß, auf die Lehne des alten Sofas und auf den Boden. Zu ihren Füßen lag das Buch. Es war ihr aus der Hand gefallen. Von diesem Geräusch war sie erwacht. Ganz wach war sie jetzt mit einem Mal von der Erinnerung an die Geschichte der alten Frau aus dem Buch, die ihre Liebe zu ihrer Familie verloren hatte, wie einen Schlüssel. In dieser Figur hatte Maria sich wiedergefunden. Sie war ihr so nah, als sei sie es selbst. Mit einem Unterschied: Die alte Frau hatte noch eine Aufgabe, und zwar: ihre erste große Liebe wiederzufinden, um zu verstehen, warum dieser Mann sie verlassen hatte. Und schließlich kam diese Frau zu einer Erkenntnis, hatte etwas dazugelernt, über sich. Diese Erkenntnis war zwar traurig, erschütternd gar, aber eine Erkenntnis, die ihr Leben korrigierte und komplettierte. Eine Wahrheit. Maria wurde klar, dass genau das der Unterschied war zu der alten Frau in dieser Erzählung. Die Möglichkeit zu so einer Erkenntnis wird ihr verschlossen bleiben, fürchtete sie. Sie hatte nichts, außer den Trümmern ihrer verbrannten Liebe zu ihrem Mann und ihren Kindern. Es waren nur noch hohle Fassaden mit leeren Fensteraugen, die von Weitem den Eindruck einer familiären Harmonie vortäuschten. Ihr Rücken wurde krumm, die Schultern fielen zusammen und sie spürte wieder das taube Gefühl in ihren Fingern, wie die Flügel eines kleinen sterbenden Spatzen. Sie weinte ohne Laut und Hoffnung.

Maria hob das Buch auf, ergriff es, konnte es halten, aber kaum spüren, in ihren Händen. Die Hände, die es geliebt hatten, über Haar und Wangen ihrer Kinder zu streichen, über Brust und Lenden ihres Gatten, als da noch Liebe war. Die vielen Berührungen der Schultern der Freundinnen, die sie umarmt hatten, der Gesichter ihrer Kinder beim Trocknen von Tränen und beim Nase putzen. Sie hatte immer gerne angefasst, die Menschen, die sie gemocht hatte. Immer gerne zugepackt, wenn es Arbeit gab, immer Zärtlichkeit und Lust gespürt und geschenkt mit ihren Händen, diesen Fingern, die jetzt nichts mehr fühlten. Als sie ihre Tränen trocknete, spürte Maria ihre Hände auf dem Gesicht, als seien es fremde.

Sie schaute auf die Uhr: sieben Uhr in der Früh. Länger konnte sie nie schlafen. Die Pflichten des Alltags hatten ihren inneren Wecker gestellt. So ging sie leise hinunter in die Küche und ließ den Kaffeeautomaten einen Cappuccino aufbrühen. Leise schlich sie wieder ins Arbeitszimmer, schloss die Tür, setzte sich auf das Sofa, die Hände um die große Tasse, und steckte sich eine Zigarette an. Ihre Finger verschwiegen ihr, dass die Tasse heiß war. Sie war gar nicht verkatert, obwohl sie am gestrigen Abend deutlich mehr Wein getrunken hatte, als ihr sonst guttat. Auch die Zigarette schmeckte ihr hervorragend.

Eine ganze Stunde lang saß sie so da und starrte vor sich hin. Dann hatte sie einen Entschluss gefasst, legte sich hin und schlief ein.

Ein Klopfen an der Tür weckte sie. Simon trat ein und fragte: „Was ist los mit dir? Hast du einen Kater? Johanna ist schon seit einer Stunde auf mit der Kleinen, Alex ist im Bad und Max rührt sich auch schon. Wie wär's mit Frühstück?"

„Prima, meins kannst du mir hier hochbringen. Ich will allein sein."

„Wie witzig, wie witzig. Also komm und bring was auf den Tisch. Der Kühlschrank ist voll mit herrlichem Aufschnitt und genialem Käse. Eine große Pfanne Rührei würde wunderbar dazu passen."

Schweigend ging sie in die Küche, ignorierte die Begrüßungen der anderen, brühte sich noch einen Cappuccino auf, nahm sich von den Ciabatta-Resten von gestern, belegte sie mit Aufschnitt und Käse, legte alles auf einen großen Teller und wollte damit wieder im Arbeitszimmer verschwinden. Als sie schon auf der Treppe war, hielt Simon sie auf: „Maria, wir wollen ein gemütliches Weihnachtsfrühstück. Jetzt zick nicht rum, wir haben schließlich Gäste."

Doch sie schob ihn nur zur Seite, ging ins Arbeitszimmer und schoss die Tür.

Wenige Minuten später, als sie mit tauben Händen ihre Brote aß, kam Johanna und setzte sich zu ihr.

„Was ist denn mit dir los? Komm doch runter und setz dich zu uns. Wir machen schon das Frühstück. War vielleicht ein bisschen viel für dich, all die Arbeit zum Fest."

„Es geht nicht um die Arbeit."

„Was ist es denn? Du warst gestern Abend schon so komisch."

„Was denn ist? Darüber könnt ihr euch ja da unten mal Gedanken machen oder über mich das Maul zerreißen. Ist mir egal. Lass mich bitte jetzt allein", sagte sie tonlos.

Johanna sprang auf und zischte: „Meinst du, nur du hast es schwer? Stell dich nicht so an. Wir alle müssen funktionieren."

„Raus!"

Als Maria fertig gefrühstückt hatte, ging sie ins Schlafzimmer, nahm den großen Rollkoffer vom Schrank und packte ihre Sachen. Auch das Hochzeitsfoto und das Bild ihrer Familie, als die Kinder noch klein waren, legte sie dazu. Die Autopapiere, Kreditkarten und ihren Personalausweis verstaute sie in ihre Handtasche. Dann ging sie unter die Dusche, frisierte sich ihr Haar und schminkte sich sorgfältig. Der Lippenstift fiel ihr zweimal aus der Hand, weil ihre Finger nichts mehr spürten. Den schweren Rollkoffer bekam sie nicht ohne Geräusche die Treppe hinunter.

Als sie den Fuß der Treppe erreicht hatte, standen Simon, ihre Ehemann, Max, ihre Sohn, Alex und Johanna, ihre Tochter und ihr Schwiegersohn, mit der kleinen Janine auf dem Arm unten im Flur und sahen sie aus großen Augen an.

Sieben Meter bis zur Tür. Spießrutenlauf:

„Wo willst du denn hin? – Was hast du vor? – Mach doch keinen Quatsch! – War wohl ein bisschen viel. – Sind's die Wechseljahre? – Krieg dich wieder ein! – Kannst dich ja ein bisschen hinlegen. – Wenn ich immer so auf ein bisschen Stress reagiert hätte, meine Güte. – Jetzt rede mit uns, verdammt noch mal! – Was glaubst du eigentlich, wer du bist? – Du verlässt nicht das Haus, sag ich! – Die ist ja völlig durchgeknallt! – Ach, die kriegt sich schon wieder ein. – Also, was ist? – Willst du uns etwa verlassen? Dass ich nicht lache! – Das kriegt die eh nicht hin. – Lass sie, die kommt morgen wieder. – Nein, das erlaube ich nicht. – Ich habe mich nicht mein ganzes Leben lang krumm gemacht, dass du jetzt ... Bleib hier! Ich befehle es dir!"

Haustür, Ende der Prügelgasse.

Maria hatte es überlebt. Sie saß in ihrem Auto, drehte den Zündschlüssel und fuhr los, schweißnass, geschüttelt von ihrem eigenen Erdbeben.

## 3

Vorerst nahm ihre Freundin Inge Maria auf, bis sie eine kleine Wohnung gefunden hatte, am anderen Ende der Stadt.

Nein, sie ging nicht wieder zurück.

Inge holte Marias restliche Habseligkeiten. Ein Anwalt regelte in den nächsten Wochen und Monaten das Finanzielle und die Scheidung.

Von nun an lebte Maria allein. Im ersten Jahr war sie in ihrer Einsamkeit Lichtjahre davon entfernt, so etwas wie Zufriedenheit oder gar Glück zu empfinden. Auf den Rat ihrer Freundin hin nahm sie Kontakt zu einer Theatertherapeutin auf. Ella hieß sie. Bei ihr lernte sie, sich mit ihrer Einsamkeit in autobiografischen Szenen auseinanderzusetzen und den Blick auf ihr Leben zu verändern. Nach und nach gelang es ihr, sich mit ihrem Alleinsein anzufreunden, es mit der Zeit nicht nur als Einsamkeit zu sehen, sondern auch als Freiheit. Sie konnte tun und lassen, was sie wollte. Und das tat sie dann auch.

In der Theatergruppe war auch Theo, der unter dem Verlust seines einzigen Sohnes litt. Von seiner Frau war er schon lange geschieden. Mit ihm spielte Maria besonders gerne. Er war ihr nah in seiner Traurigkeit, die er mit schlecht gespieltem Optimismus zu kaschieren versuchte. Seine Trauer relativierte ihre Trennung von der Familie. Und seine Bewunderung für sie und ihren Mut, ihrem Familiengefängnis so den Rücken gekehrt zu haben, nahm sie weiter für ihn ein.

Sie fuhren zusammen in den Urlaub, in ein kleines Hotel im französischen Perigord und kamen sich dort näher. Doch als Theo nach einem weiteren Jahr den Vorschlag machte zusammenzuziehen, er habe schließlich ein ganzes Haus für sich allein und eher zu viel Platz als zu wenig, sagte sie: „Nein, lass mal. Das geht nicht. Es ist doch schön so, wie es ist. Lass uns daran nicht rühren." Sie wusste nicht, ob er sie verstanden hatte, ließ es aber dabei bewenden.

An das taube Gefühl in ihren Fingern hatte sie schon lange nicht mehr gedacht. Es war verschwunden. Die ‚zwei kleinen Spatzen' waren nicht gestorben. Sie konnten wieder fühlen. Was? Theo und den Rest der Welt.

## Auch ohne letztes Zimmer

Wenn man 178 groß ist, weder dick noch dünn, die Wangen glatt rasiert, die Haare nicht über die Ohren, schwarze Schuhe, graue Jeans, weiße Hemden und dezente Jacketts trägt, fällt man nicht auf. Und genau das wollte Karl Klein: nicht auffallen. Nicht, dass er sich verstecken wollte, etwas zu verheimlichen hätte, gar in geheimer Mission tätig gewesen wäre, nein. Es war einfach nicht sein Ding, die Auffälligkeit und das Extrovertierte. Menschen, denen dies wichtig war, empfand er oft als aufgesetzt oder aufdringlich. Er war eher zurückhaltend, man darf auch ruhig schüchtern sagen, ohne ihm etwas zu wollen. Und Karl wusste, dass er so war.

War er zufrieden damit? Woran misst man Zufriedenheit? Er hatte eine unauffällige, aber anspruchsvolle Arbeit als Architekt im Bauamt der Stadt und war für die Statik und Sicherheit historischer Gebäude zuständig. Man schätzte seine Fachkompetenz und Beharrlichkeit, er hatte ein gutes Auskommen, eine kleine, aber noble Wohnung in einem der besseren Viertel der Stadt.

An den Wochenenden ging er auf die Boule-Bahn am Stadtwald, wo er zusammen mit seinen Vereinskollegen mit angemessener Begeisterung die Kugeln warf, wenn das Wetter es zuließ. Fast immer spielte er gemeinsam mit Walter. War es zu kalt oder zu nass, las er gerne Romane über die Liebe in schwierigen Zeiten.

War er glücklich? Was bedeutet schon Glück? Im Spiel, in der Liebe, im Lotto oder in Freiheit, ohne Krieg? Er hatte keine Frau, die ihm mit Zärtlichkeit und

Leidenschaft sein Leben versüßte, in symbiotischer Innigkeit den Sinn seines Lebens bezeugte, auch keine Kinder, die seinem Dasein die Illusion von sinnhafter Zukunft oder kosmischer Unsterblichkeit schenkten.

Das mit den Frauen war für ihn sowieso eine schwierige Sache. Das fing damals schon mit seiner Mutter an. Wenn er bei Nachbarskindern zuhause war, fiel ihm auf, wie liebevoll, gar zärtlich manche Mütter mit ihnen umgingen. Das kannte er von seiner Mutter überhaupt nicht. Bei ihr war mit dem Eintritt in die Schule Schluss damit. Er erinnerte sich noch genau, dass er bei ihr nach einer Umarmung suchte, bevor er am zweiten Schultag zum ersten Mal den Schulweg alleine antrat. Denn ihm war, als ginge er auf große Fahrt, um einen neuen Kontinent zu entdecken. Er musste erkennen, dass sie ihn aber abwies mit den Worten: „Jetzt bist du ein großer Junge und gehst zur Schule, da ist's nun mal vorbei mit dem Geschmuse. Du bist doch kein Mädchen."

Diese Zurückweisung empfand er als so eine Schmach, dass ihm vor Scham und Wut die Tränen in die Augen stiegen. Er lief schnell aus dem Haus, damit seine Mutter sie nicht sah. Nichts wäre schlimmer für ihn gewesen als das.

So schaute er voller Neid auf seine Schulfreunde und rückte ein wenig von ihnen ab, weil er ihnen das Glück verübelte, geliebt zu werden.

Vier Jahre später versuchte er es noch einmal mit einem Gedicht zum Muttertag. Bei Bernd, dem einzigen richtigen Freund, den er hatte, fand er in einem Buch ein Gedicht von Kurt Tucholsky. Das hieß „Mutters Hände". Es war schwierig, weil es in Berliner Mundart

*Auch ohne letztes Zimmer*

geschrieben war. Aber Bernd konnte das problemlos lesen. Und so übte Karl das mit ihm zusammen und zum Muttertag trug er es seiner Mutter vor.

Als er fertig war, entstand eine peinliche Stille, bis sie sagte: „Danke, Junge. Aber wir sind doch keine Berliner Proleten, und dann auch noch 'n Gedicht von 'nem Kommunisten." Kopfschüttelnd wandte sie sich ab.

Damals war Kalter Krieg. Nicht nur in der Politik. Auch zwischen seiner Mutter und Karl. Keine Umarmung, kein Streichen über den Kopf, nicht mal ein Lächeln. Das mit den Frauen war eben eine schwierige Sache. Die Schlacht mit seiner Mutter gab er verloren. Nicht so bei den Mädchen, da musste es noch schlimmer kommen.

Trotz der Niederlage hatte dieses Gedicht sein Interesse an Lyrik geweckt. Er lieh sich das Buch von Bernd aus und las es mit einer gewissen Euphorie und dem Vorsatz, später, wenn er groß war, selbst ein Dichter zu werden. Danach lieh er sich in der Bücherei weitere Gedichtbände von Kästner, Wilhelm Busch, Ringelnatz und Jandl aus und verschlang sie, als seien sie Abenteuerromane. Schließlich begann er, selbst Gedichte zu schreiben, zeigte sie aber niemanden, sondern verschloss sie immer sorgsam in der Schreibtischschublade. Im Laufe der Zeit wurde er in der Wortwahl immer treffender und in Reim und Metrik immer sicherer.

Als er sechzehn war, erfuhr er, dass es eine Liedfassung von der „Sachlichen Romanze" von Kästner gab, gesungen von Herman van Veen. Von seinem Taschengeld kaufte er sich die Platte. Als er das Lied zum ersten Mal hörte, begann er zu weinen und konnte gar nicht mehr aufhören. Er hörte das Stück viermal, bis endlich die Tränen versiegten. Dafür schämte er sich. Dennoch empfand er so etwas wie Glück. Bitter-süße Melancholie durchströmte ihn mit deutlichem Ziehen in den Lenden und heftigem Herzrasen beim Gedanken an ein Mädchen aus der Nachbarschaft. Ja, er war verliebt, unglücklich natürlich.

Sie hieß Gisela und wohnte zwei Häuser weiter. Er lernte sie auf einer Beat-Party im Pfarrheim kennen. Bernd, immer noch sein einziger und bester Freund, hatte ihn mitgeschleppt und ihm gedroht, wenn er nicht mitkäme, wäre das das Ende ihrer Freundschaft. Bernd konnte rührend sein. So stand Karl auf der Jungenseite und wagte es kaum, zu den Mädchen herüber-zuschauen. Alkohol war verboten. Doch die cleveren Macher der Party, unter anderem Bernd, hatten aus den Cola- und Fantaflaschen vorher kräftige Schlucke abgetrunken und mit Rum oder Wodka aufgefüllt. So kam es, dass auch Karl etwas lockerer wurde, mit den Jungs herumflachste, auch mal einen Satz zu einem Mädchen sagte, wenn es sich auf die Jungenseite herü-ber traute, bis Gisela plötzlich vor ihm stand: „Komm, tanz mit mir!", sagte sie bestimmt und zog ihn auf die Tanzfläche. Nach drei schnellen Songs, zu denen er irgendwie herumhopste, wurde ihm langsam unan-genehm warm. Er wollte gerade die Tanzfläche verlas-sen, als ‚Je t'aime' ertönte, das Lied, das jeder kannte, weil es so schön unanständig war. Sie taten, was dazu-gehörte. Sie tanzten einen Klammerblues und sich in den viel zitierten siebten Himmel. Sprachlos von all der Leidenschaft, die in ihnen tobte, gingen sie nach dem Lied Hand in Hand hinaus vor die Tür in eine dunkle Ecke und küssten sich, knutschten, dass die Lippen glühten und die Zungen Krämpfe kriegten. Mein Gott, war das schön. Bis ein Dreiklanghorn das junge Glück unterbrach. Giselas Vater hatte heftig auf die Hupe seines Opel Kadetts gedrückt, weil er seine Tochter im Pfarrheim nicht finden konnte. Gisela zuckte vor Schreck zusammen, gab Karl einen schnellen letzten Kuss, hauchte: „Wir sehen uns!" und weg war sie.

In dieser Nacht tat Karl kein Auge zu. Das war klar. So setzte er sich an den Schreibtisch und schrieb ein Gedicht nach dem anderen, eines schöner als das andere. Als es langsam hell wurde, hatte er alle lyrischen Ergüsse wieder zerrissen und zerknüllt, außer einem:

**Schliche**

*Ich will dir auf die Schliche kommen*
*ich treffe dich*
*geh mit dir aus*
*ich red' mit dir*
*ich frag dich aus*
*und leg dabei mein schönstes Lächeln auf.*

*Du sollst mir auf die Schliche kommen*
*ich erzähle dir von mir in Märchen*
*ich beschreibe dir meine Träume*
*ich spiele den Geheimnisträger:*
*unergründlich, Beute, Jäger?*
*und setze dich mit bunten Worten*
*auf meine Fährte, such, such, lauf!*
*und leg dabei mein schönstes Lächeln auf.*

*Ich will dir auf die Schliche kommen*
*will alles von dir abbekommen*
*will dich ganz, am Stück bekommen*

*du sollst dann völlig eingenommen*
*sein von mir*
*und ich von dir.*

*So jag ich dich*
*und gleichzeitig*
*leg ich dir*
*die Spur zu mir*

*Was wird geschehen*
*bei dieser Jagd und Flucht*
*nach- und voreinander*
*wenn wir uns zur Strecke bringen*
*im Fliehen aufeinanderprallen*
*im Suchen aneinanderkrallen?*
*Ich weiß es nicht und bin gespannt darauf*

*und leg dabei mein schönstes Lächeln auf*

*Dein Karl K.*

Er schrieb es nach letztem Lesen noch einmal sauber ab, steckte das Blatt in einen Briefumschlag und schrieb darauf:

„Für Gisela, persönlich"

Am nächsten Morgen warf er auf dem Schulweg den Umschlag in den Briefkasten seiner geliebten Gisela. Nur, dass sie natürlich nicht allein wohnte und so die Mutter den Brief aus dem Kasten holte und, neugierig gemacht durch den Hinweis ‚persönlich', dann auch öffnete und las. Beim allmorgendlichen Einkauf im Krämerladen an der Ecke erzählte sie ihren Nachbarinnen von den ersten Liebesgrüßen an ihre Tochter und las das Gedicht sogar laut vor. Die Frauen im Laden fanden das süß, köstlich, rührend, eine sogar literarisch, eine andere total peinlich, nämlich Karls Mutter.

Das erzählte sie ihm brühwarm, als er aus der Schule kam, mit dem Schlusssatz: „Das Mädchen siehst du nie wieder. Da muss ganz schnell Gras drüber wachsen. Man traut sich ja kaum noch auf die Straße. Mein Gott, was für eine Schande!"

Nachmittags hörte er sich dann die „Sachliche Romanze" immer wieder an. Nach dem zehnten Mal weinte er nicht mehr.

Gisela wollte ihn weder sehen noch am Telefon sprechen. Nie mehr im Leben. Sie fand alles nur noch schrecklich peinlich. Aus, Schluss, vorbei. Bevor es richtig angefangen hatte.

Nach dieser missglückten Sache mit Gisela traute Karl sich gar nicht mehr an Frauen heran. Die Angst vor der Abweisung war zu groß. Dieses Defizit, wie er es für sich bezeichnete, erzeugte in ihm eine große Sehnsucht nach der perfekten romantischen Liebe. Weil diese sich für ihn in unerreichbarer Entfernung galaktischen Ausmaßes befand, ersann Karl seine eigenen Liebesgeschichten. Animiert durch die tragischen Liebesromane, die er las, gab er seinen Prinzessinnen gleichen Traumfrauen Namen, Charakterzüge und Eigenschaften, entwickelte Liebesgeschichten um sie herum und schrieb ihnen Gedichte.

Carina war in seiner Fantasie die unnahbare Cellistin, tragisch schön, groß und schlank, fast dürr, mit langem wallenden Haar, das wie schwarzes Gold um ihre Schultern floss. Sie liebten sich in der Garderobe vor jedem Konzert. Danach spielte sie nur für ihn mit einer animalischen Hingabe. Schließlich verließ sie ihn wegen des ersten Geigers. Für sie schrieb er folgendes Gedicht:

## Schnee von gestern

*Im Winter*
*weine ich*
*Schnee*
*über den Sommer*
*mit dir*

*Eiskristalle*
*brennen kalt*
*auf meinen Wangen*
*vor Sehnsucht*
*nach warmen*
*Sommerfreudentränen*

*Der Magen krampft*
*vor Frost*
*von innen*
*schickt Würfeleisgülle*
*durch Darmrohrleitungen*

*Erfrierungen dritten Grades*
*warten auf*
*den Glühwein*
*deiner Lippen*

*Der Topf ist leer*
*auf dem Grund liegen*

*bittre Nelken und*
*verbrannte Zimtsterne*
*deiner heißen Augen*

*Der Schnee*
*taut nicht*
*auf meinen Wangen*
*so kalt ist der Wind*
*meiner Leere*

*Der Schnee*
*von gestern*
*von vorgestern*
*vom letzten Sommer*
*mit dir*

Dann erfand er in seinem Kopf Gertrud, die mit ihrem Mann einen Blumenladen hatte. Der Mann war riesig groß und bärenstark. Heimlich trafen sie sich abends bei Karl, während der Bär zum Fußballtraining ging. Alle paar Tage fand Karl Blumen vor seiner Tür oder im Flur durch den Briefschlitz geworfen. Dann stritten sie sich immer häufiger, weil sie ihren Mann nicht verlassen wollte und Karl sich als fünftes Rad am Wagen sah. Sie schrien sich an, bewarfen sich mit Tellern und Tassen, weinten sich nass vor Verzweiflung. Karls Versöhnungsfantasien waren ziemlich exzessiv. Als sie ihn verließ, vor lauter Angst von ihrem Mann entdeckt und umgebracht zu werden, schrieb er ihr ein Abschiedsgedicht:

**Der Baum**

*Der Herbst deiner Gefühle*
*hat mich entlaubt.*
*Der Sturm deiner Angriffe*
*hat meine Äste geknickt.*
*Die Dürre deiner Lieblosigkeit*
*hat meine Triebe ausgetrocknet.*
*Die Schläge deiner Vorwürfe*
*haben meine Rinde verletzt.*
*Die Kälte deiner Entfernung*
*hat meine Wurzelspitzen erfroren.*

*Aber entwurzeln*
*konntest du mich nicht.*
*So warte ich*
*kahl und krumm*
*auf den nächsten Frühling*
*meiner Zuversicht.*

In diesen fiktiven Welten konnte er schwelgen, wenn er sich allzu einsam fühlte, konnte das erahnen, was andere als Glück erleben durften. Und hatte einen Grund zu leiden, wenn sie ihn verließen, die Frauen. In seinen Geschichten verließen ihn immer die Frauen, nie umgekehrt. Armer Karl.

Dann war da noch etwas gewesen, noch jemand: Eva. Am Ende seines Studiums, als er achtundzwanzig war. Sie lief ihm einfach so über den Weg, so zufällig, so unerwartet, so bezaubernd. Das begann so traumhaft schön, dass er seine ausgedachten Geschichten gar nicht mehr brauchte. Die Wirklichkeit war viel schöner. Und es hielt, sie blieb bei ihm, zwölf glückliche Jahre lang, bis ... Aber dafür konnte Eva nichts. Das war nicht ihre Schuld und auch nicht seine. Das war ... er verbat sich jegliche Erinnerung daran.

So lebte Karl sein bescheidenes Leben in der Anonymität seiner Unauffälligkeit, die ihn manchmal fast gänzlich verschwinden ließ. Er war allein.

Na ja, fast. Er hatte ja seine Gedichte. Im Laufe der Jahre hatte er sich an die modernen gewagt, las jetzt auch die ohne Reime. Am meisten liebte er die von Erich Fried. Nicht nur, dass er sie las. Er schrieb auch weiterhin selbst welche, hielt sie aber immer unter Verschluss. Das war seine geheime Welt.

Und er hatte seine Boule-Kollegen, besonders Walter. Als Karl vor acht Jahren, nach der Katastrophe, dem Absturz, dem Desaster, dem Zusammenbruch seiner Welt, zurück in seine Heimatstadt zog, um einen Versuch zu starten, einen neuen Versuch zu leben, mit neuem Job und neuer Wohnung in seiner alten Stadt, da kannte er keinen Menschen mehr. Um ein wenig Halt und Beschäftigung zu finden, nahm er Kontakt zu dem Boule-Club auf. Als er zum ersten Mal das Spielterrain betrat, war zufällig auch Walter ganz neu dabei. Die beiden spielten etwa gleich schlecht. Das passte also gut. Mittlerweile haben sie sich auf der Rangliste ziemlich weit nach oben gespielt. Und er war ihm über die Jahre zum Freund geworden, obwohl sie nie viel über Persönliches sprachen. Aber er war eben immer da. Er akzeptierte Karl und lachte mit ihm. Das war für Karl wie ein Geschenk.

Und eben dieser Walter machte ihn eines Tages im Frühsommer mit Klara bekannt. Schon von Weitem sah Karl Walter aufgeregt winken, als er das Boule-Terrain betrat. An Walters Seite stand eine Frau mit zierlicher Figur, schulterlangen braunen Haaren, die an den Seiten deutlich grau durchwirkt waren. Als er näherkam, sah er in zwei wache graue Augen, die ihn neugierig ansahen. Die Nase war gerade und ein wenig zu groß, der Mund schmallippig, aber schön geschwungen, mit einem eher mürrischen Ausdruck. Das änderte sich sofort, als sie ihn zu einem Lächeln formte, das sich auch in den Augen wiederfand. Sie war braun gebrannt und steckte in khakifarbenen Shorts mit einer beigen Leinenbluse darüber. Mit einem kräftigen Handschlag begrüßte sie Karl: „Ich bin Klara. Walter meinte, ich solle mal mitkommen und schauen, ob es mir hier gefällt."

„Ja, also ich bin Karl. Walter und ich spielen immer als Team zusammen, schon seit Jahren, aber das wissen Sie ja bestimmt schon", sagte Karl, ohne sie direkt anzusehen. Dann entdeckte er ihre Kugeltasche und fuhr fort. „Ach, Sie spielen auch. Dann müssen wir gleich mal gucken, ... also mal gucken, wenn alle da sind, ... äh wer heute ohne Partner ist... ja, schaun wir mal, mh ...", stolperte es aus ihm heraus und er fühlte sich klein und erbärmlich.

„Karl, unter Boulern duzt man sich doch, ich bitte dich!", wandte Walter nicht ohne Vorwurf ein.

„Ja, ja, klar, entschuldige, ich bin ein wenig..."

„Verwirrt, so wie mir scheint", lachte sie. „Ich wusste gar nicht, dass ich so eine irritierende Wirkung auf Männer habe."

„Pass auf, Karl, sortiere dich erst mal", half ihm Walter. „Wir gehen da zur Bank, auf der mein Korb steht und setzen uns. Sind ja eh noch nicht genug Spieler da. Und ich habe dir auch was zu sagen."

Dabei holte er eine Flasche Rotwein und drei Gläser aus dem Korb, öffnete den Wein, verteilte die Gläser und goss ein.

„Gibt es was zu feiern?", fragte Karl.

„In gewisser Weise ja. Hör zu! Darf ich dir deine neue Boule-Partnerin vorstellen: meine gute alte Freundin Klara."

„Was? Wieso? Was meinst du mit ...?"

„Wart's ab! Nicht ich, sondern sie wird gleich mit dir spielen und ich werde genau hingucken, wie das klappt mit euch beiden."

„Ja, aber ..."

„Lass mich bitte ausreden, Karl. Schon in wenigen Tagen werde ich Deutschland verlassen", während er sprach, vermied er es, Karl direkt in die Augen zu sehen, „und nach Kanada zu meinem Sohn ziehen. Dort werde ich ihm in seiner Firma unter die Arme greifen, bis meine Rente durch ist. Sind ja nur noch zwei Jahre. Dann werde ich in diesem schönen Land die Bäume zählen und mir ein paar alte Männer zum Boule-Spielen suchen. Alles ging schließlich viel schneller als gedacht, sonst hätte ich dir das schon früher gesagt. Sei mir bitte nicht böse, Karl. Aber heute bin ich zum letzten Mal auf dem Platz. Heute feiern wir Abschied."

„Aber wir können uns doch morgen Abend zum Essen oder ..."

„Nein, können wir leider nicht, ich habe noch so viel zu erledigen, dass ich ... ach, Karl, lass uns heute

Kügelchen werfen und feiern und uns betrinken und ... ich habe noch Käse und Brot ... und noch mehr Wein und ... komm her, altes Haus!", so nahm Walter seinen alten Boule-Freund in die Arme und drückte ihn fest an seine Brust. Karl erwiderte etwas irritiert diese Umarmung und spürte, wie gut sie ihm tat. Verlegen lösten sie sich wieder, als Klara bemerkte: „Und wer drückt mich?"

Sie lachten auf, drückten auch sie, tranken vom Wein und entspannten sich.

Klara erzählte, dass sie als Touristik-Managerin lange in Frankreich gearbeitet habe, besonders in der Bretagne. Aber jetzt, nach 15 Jahren, habe sie so starkes Heimweh bekommen, dass sie zurückgekommen sei und sich einen Job hier in der Stadt gesucht habe.

Als was sie denn jetzt hier arbeite, wollte Karl wissen.

Sie habe eine Stelle im Dezernat für Kultur und Touristik angenommen, mit dem Schwerpunkt Frankreich natürlich. Aber womit Karl denn so seine Brötchen verdiene, fragte sie zurück.

So warfen sie sich die Bälle des ersten Kennenlernens zu, mischten unter die oberflächlichen Lebensdaten kleine Scherze, sprachen über das Boule-Spielen und über Frankreich – Karl war ein ausgemachter Frankreich-Fan – stießen immer wieder mit Walter an, der sich nicht einmischte, die beiden plaudern ließ, aber grinsend auf der Bank saß und dachte: Das wird schon werden, mit den beiden.

Als der Platz sich mit Spielern füllte, stellte Walter ihnen Klara vor, die ein „Bonjour" in die Runde warf und eine Flasche Calvados aus ihrer Tasche holte. Kleine Schnapsbecher aus Plastik hatte sie auch dabei.

*Auch ohne letztes Zimmer*

So wurde erst einmal einer gekippt, mit einem herzlichen „Bienvenue" auf Klara.

Sie begannen zu spielen. Karl legte seine Kugeln vor und Klara schoss die feindlichen aus dem Feld. So war es gedacht und so funktionierte es auch ganz gut. Er legte nicht genial, aber konstant gut, wie es seine unauffällige Art war. Sie traf natürlich nicht immer, aber immer öfter. Das gefiel Walter großartig. Sie spielten bis tief in die Nacht gegen unterschiedliche Teams aus dem Verein, immer zwei von ihnen, während der dritte aussetzte und oberkluge Ratschläge gab. Bevor sie als letzte den Platz verließen, sagte Walter zu den beiden: „Ihr passt großartig zusammen. Da muss ich also keine Sorge haben."

Schließlich umarmte Walter Karl noch einmal, nahm dann Klara in seine Arme, schnappte sich seinen Korb, sein Köfferchen mit den Kugeln und ging vom Platz, ohne sich umzuschauen. Damit sie seine Tränen nicht sahen.

In den nächsten Wochen sahen sich Karl und Klara drei bis vier Mal in der Woche abends auf dem Boule-Platz. Sie trainierten zusammen, spielten gegen andere Paarungen und wurden immer besser. Das laute Klack, wenn sie traf, war ihnen beiden eine kleine Explosion der Freude, bei ihr ein Funkeln in den Augen, bei ihm ein schelmisches Lächeln in den Mundwinkeln.

Und immer, wenn das Spiel es zuließ, redeten sie miteinander. Karl hatte jegliche Scheu verloren und fühlte sich mit ihr so wohl wie schon lange nicht mehr. Es ging auch nicht nur um das Boule-Spiel. Sie erzählten sich gegenseitig von ihren Eltern, ihrer Kindheit, ihrer Arbeit, natürlich von Frankreich, vom

Kochen und von ihren Büchern. Sie las am liebsten französische Literatur, im Original, wie zu erwarten war. Er favorisierte die schicksalhaften Geschichten deutscher, amerikanischer und russischer Autoren des 19. und 20. Jahrhunderts und die modernen Romane aktueller Schriftsteller. Er gab zu, dass er auch gelegentlich Gedichte las, aber dass er auch selbst welche schrieb, gestand er ihr nicht.

Hier und da schickte er ihr per E-Mail ein selbst verfasstes Gedicht, tarnte es aber mit dem Namen eines bekannten Autors:

> – Neulich habe ich ein ziemlich schräges Gedicht von Ernst Jandl gefunden. Wie findest du das?

**Er sagte, er wolle ...**

*Er sagte, er wolle Wolle*
*wolle Wolle über Waden wallen lassen*
*es ist kaum zu fassen.*

*er sagte, er wolle*
*mit der Idee von Wolle*
*eine tolle Frau umgarnen.*

*er sagte, er wolle*
*auf Terrassen*
*Tassen fallen lassen.*

*Es klinge so schrill*
*und bliebe sie still*
*sage sie, sie wolle, die Tolle.*

*Beginne sie zu schrei'n*
*meine sie: nein*
*er bliebe allein und trinke Wein*
*zu Haus, zuviel.*

Beim nächsten Treffen sprachen sie über diesen Text. Klara fand ihn urkomisch und sie versuchten, ihn auswendig aufzusagen. Karl hatte ihn natürlich im Kopf, tat aber so, als suche er nach dem nächsten Vers, bis sie es merkte.

„Das darf doch nicht wahr sein", lachte sie, „du kannst ihn ja auswendig und lässt mich hier nach Wörtern suchen. Dann versuchten sie es im Wechsel, dann als Lied, im Kanon oder als Rap. Die anderen Bouler schüttelten nur mit den Köpfen. Mit ihr ist alles so leicht, dachte Karl.

Wenn Karl von ihr etwas über ihre Beziehung zu Walter wissen wollte, wann und wo sie sich kennengelernt hatten, ob sie mal ein Paar waren, was sie miteinander verband, was sie über sein Leben wusste, wurde ihr Mund mürrisch und ihr Blick matt. Sie blockte all diese Fragen mit Sätzen ab, wie: „Lass mal, über Enttäuschungen rede ich nicht gern." Oder: „Das ist alles nicht so einfach." Manchmal auch mit dem Fontane-Satz aus Effi Briest: „Das ist ein weites Feld."

Das kam ihm so seltsam vor, dass Karl manchmal dachte: Da stimmt was nicht.

Ein anderes Mal schickte er ihr dieses Gedicht:

## Verhältniswörter

*Über unseren Köpfen*
*Neben unseren Ansichten*
*Hinter unserem Horizont*
*Vor unserer Haustür*
*In unseren Büchern und Bildern*
*Auf unseren Wegen*
*Zwischen unseren Widersprüchen*
*Gegen unsern Frust*
*Trotz unserer Traurigkeit*
*Mit unserer Lust*
*Für unsere Liebe*
*Wegen unserer Sehnsucht*
*Aus unserer Freude*
*Bei uns selbst*

*Gibt es noch*
*so viel Leben*
*zu leben*

*Erich Fried*

Als er beim nächsten Treffen auf das Gedicht zu sprechen kam, sagte sie nur: „Das ist nicht von Fried. So ein schlechtes Gedicht hätte er nie geschrieben", und sah ihn prüfend an. Karl schaute weg, sagte nichts.

„Ja, das hat man davon, wenn man versucht mich zu verarschen", fügte sie spitz hinzu.

„Wie, was?"

„Die Gedichte schreibst du selbst. Deshalb hattest du das eine mit der Wolle auch so gut im Gedächtnis. Was soll das? Warum stehst du nicht dazu?"

„Das sagst du so!" Karl drehte sich weg, damit sie seine Gesichtsfarbe nicht sah.

„Hey", sie drehte ihn zu sich um, „das Gedicht ist nicht schlecht, es ist sogar gut, es ist großartig. Ich habe mich nur geärgert, weil du mich verkohlst. Das kann ich nicht leiden."

„Wirklich?"

„Ja, wirklich!", sagte sie lächelnd und nahm ihn in die Arme.

Klara hatte Karl zu ihrem Geburtstag zum Essen beim Italiener in ihrer Straße eingeladen. Nachdem sie die Gerichte bestellt hatten, zog Karl aus der Innentasche seines Jacketts zwei Briefumschläge und überreichte sie ihr.

„Alles nur erdenklich Gute zum Geburtstag wünsche ich dir", strahlte er sie an. „Zuerst den blauen aufmachen."

Sie bedankte sich artig und öffnete den blauen Umschlag. Es kamen zwei Theaterkarten zum Vorschein.

„Zwei Karten. Willst du etwa mitkommen?", grinste sie.

„So ähnlich habe ich mir das gedacht", schmunzelte er zurück.

Dann öffnete sie den zweiten Umschlag, zog das Blatt heraus und las den handgeschriebenen Text:

## Der Umweg

*Das halbe Leben schon hinter mir.*
*Schau ich gern zurück?*
*Das halbe Leben noch vor mir.*
*Frag mich, wohin es führt?*

*Das alte Gleichnis:*
*Das Leben als Glas,*
*halbvoll oder halbleer?*
*Ich weiß es nicht und trinke es aus,*
*bevor's verschalt.*

*Im Rückblick:*
*Alltagsstrecken abgelaufen*
*wie ein Schienenwärter*
*mit Blick auf die Schwellen*
*und Schwielen an den Füßen.*

*Manchmal aufgeblickt in Sternenhimmel*
*und Augensterne,*
*Sommernachtstraum mit*
*Turteltauben-Schnäbelei.*
*Blaue Höhenflüge um rosa Wolken,*
*und festhalten wollen*
*und stürzen und trennen und Tränen*
*und wieder aufflattern.*

*Leichte Sommerberührungen mit Schmetterlingen,*
*ein Hauch voll Zärtlichkeit im Sonnenlicht.*
*Sternenloser Herbsthimmel, schwarz bewölkt,*
*stinkende Angst vor Einsamkeit.*

*Auch ohne letztes Zimmer*

*Totenvogel flog vorbei,*
*nahm manch lieben Menschen mit.*
*Dann bunte Papageienfeste mit Kokosnuss*
*und Kuss und Kuss.*

*Langsam doch die Spielregeln gelernt,*
*des Spiels, des Sports, der Kampfsportart,*
*gegen mich und mit mir selbst,*
*gegen das Misstrauen der Jahre,*
*mit der Hoffnung der Jahre,*
*gegen die Zweifel der Jahre,*
*mit der Gelassenheit der Jahre*
*und mit dem Joker der Liebe.*

*Das Gefühl, immer noch*
*viel Zeit zu haben,*
*für die Suche nach ...*

*Der Umweg ist das Ziel*

*Alles Gute zum Geburtstag, Karl*

Während Klara diesen Text las, traten ihr Tränen in die Augen, liefen ihr über die Wangen und tropften ihr vom Kinn. Als sie fertig war, stand sie auf und ging zur Toilette. Dann kam sie wieder, ging auf Karl zu, umarmte ihn und küsste ihn auf die Wange.

„Das ist so schön. Und auch so traurig. Und ... mir so nah. Obwohl ..., es trifft ja gar nicht alles zu, aber... Danke, Karl! Das ist schönste Geschenk seit Langem. Was machst du nur mit mir?", seufzte sie, während sie sich wieder setzte.

„Wie meinst du das?"

„Ach, tu nicht so."

„Wie tu ich denn?"

„Ach, hör doch auf!", lächelte sie und legte ihre Hand auf seine. „Die Vorspeise kommt. Ich habe einen Mordshunger."

„Ich auch!"

Nach dem Essen gingen sie zusammen durch den Park, sie bei ihm eingeharkt, mal Hand in Hand oder sogar kurz Arm in Arm, und plauderten über alles, nur nichts Ernstes. Beide fühlten sich einander so nah und gleichzeitig so leicht, so unverhohlen wohl. Sie verabschiedeten sich vor ihrer Tür ohne die Erwartung eines Kusses oder mehr. Karl flog nach Hause.

Es war ein herrlicher Sommer. Tagsüber knallte die Sonne vom Himmel, ließ den Asphalt Blasen schlagen und köchelte die Stadtmenschen in ihrem eigenen Saft. Karl und Klara arbeiteten beide in klimatisierten Büros. Wenn sie die kühlen Verwaltungstürme verließen, traf sie die Hitze wie ein Hammerschlag. Doch bald verlor sich die Tageshitze in einer leichten Brise und die lauen Sommerabende und Nächte luden sie zum Boule-Spielen ein. So trafen sie sich fast jeden Abend zum gemeinsamen Kügelchenwerfen und fanden genug Mitspieler, um für das große Turnier in Belgien zu trainieren.

An einem Samstagvormittag fuhren sie mit einem gemieteten Wohnmobil in einen kleinen Ort, kurz hinter der deutsch-belgischen Grenze, wo das Turnier auf einem Fußballplatz ausgetragen wurde. Nebenan lag ein Campingplatz am Rande eines kleinen Waldes.

*Auch ohne letztes Zimmer*

Dort hatten Karl und Klara ihr Wohnmobil aufgestellt. Dahinter floss ein kleiner Fluss.

Gegen 14 Uhr begann das Turnier und vier Stunden später war es für Karl und Klara schon zu Ende. Sie waren in der Vorrunde ausgeschieden. Fast die ganze Zeit hatten sie auf dem staubigen Platz in der prallen Sonne gestanden und gespielt. Nur selten konnten sie in den kurzen Pausen unter den aufgestellten Sonnenschirmen Schutz vor der Sonne suchen, sodass sie sich verschwitzt und ausgelaugt fühlten. Beide brauchten jetzt erst einmal eine Dusche.

Die Sonne stand schon nicht mehr so hoch hinter den Hügeln und Wäldern der Landschaft, als Karl und Klara sauber und erfrischt mit einer Flasche Wein und zwei Gläsern hinunter zum Fluss gingen. Die Sommerhitze des Tages war noch nicht abgezogen, aber der Fluss versprach etwas Kühle.

„Ich habe mir gedacht, dass dieses Plätzchen dir gefällt", sagte Karl.

„Volltreffer, das ist ja wunderbar lauschig hier, schön schattig und nicht so schwül. Und das Flüsschen ist der Kühlschrank für unseren Rosé. Großartig. Du scheinst ja ein echter Frauenversteher zu sein."

„Ach, hör mir auf, eher ein Frauenverscheucher", antwortete Karl mit einem schiefen Lächeln.

„Wie meinst du das? Komm, erzähl mir von deinen Frauengeschichten. Das finde ich spannend. Komm, sei kein Frosch!", animierte ihn Klara.

„Nee, lass mal. Das ist nicht so heldenhaft."

„Soll ja auch gar nicht. Ich liebe Antihelden. Komm, nur alte Geschichten, von früher. Der erste Kuss zum Beispiel."

So ließ sich Karl schließlich überreden und er erzählte ihr die Geschichte mit Gisela und dem Gedicht in dem Brief, den Giselas Mutter hundsgemeinerweise geöffnet hatte. „Danach war erst einmal Sendepause, was Mädchen anging. Davon musste ich mich erst mal erholen." Als er sprach, hatte er dabei in den Wald geguckt. Auch jetzt blieb sein Blick dort, als erhoffte er sich Rettung bei den Bäumen.

„Meine Güte, was war das für ein Kotzbrocken von Mutter, ja und Waschweib dazu. Und ihre Tochter hatte ja wohl auch kein Rückgrat. Armer Karl."

Sie beugte sich vor und küsste Karl auf die Schläfe.

„Schon gut, ist ja schon eine Ewigkeit her. Genauer gesagt: zweiunddreißig Jahre."

„Mann, bist du alt!", lachte sie.

„Manchmal denke ich, ich sei schon hundertacht." Da musste auch Karl lachen.

„Jetzt bist du dran. Dein erster Kuss."

„Ach herrje, was hab' ich da angeschubst." Sie spielte mit einer Haarsträhne und schaute aufs Wasser.

„Wirst du rot? Du wirst ja rot!", lachte Karl.

„Komm, hör auf. Stimmt gar nicht. Das ist gemein!"

„Gut. Ich bin brav und ganz Ohr", sagte Karl, goss Wein nach, „Erzählwasser", wie er meinte und Klara begann:

„Früher war ich kein Mädchen, eher eine Göre, die immer lieber mit Jungs Fußball spielte als mit den Pink-Prinzessinnen Hof zu halten. Als ich vierzehn war, verguckte ich mich in den Mittelstürmer unserer Schulmannschaft. Wir nannten ihn Hasso: flink, schnell, schlau und bissig. Eben wie ein Schäferhund. Auch die Prinzessinnen liebten ihn, doch wenn er näherkam, fielen sie fast in Ohnmacht vor so viel

Kraft und Frechheit. Hasso war dreist und arrogant. Er nahm sich, was er wollte. Doch von den Pink-Ladies wollte er keine. Die sahen zwar zauberhaft aus, waren ihm aber zu parfümiert und gepudert. Und vor allem zu ängstlich. Mit ihrer Grazie konnte ich zwar nicht mithalten, ich sah eher aus wie ein sportlicher schmaler Junge mit zwei kleinen Brüsten und einem Bürzelpo, aber ich stellte mich ihm. Nach einer Schulfete, auf dem Nachhauseweg – er wohnte nur zwei Straßen weiter – fragte ich ihn, warum er kein Püppchen im Arm nach Hause brachte. Er blieb stehen, drehte sich zu mir um und sagte ganz cool: ‚Wenn ich küsse, dann nur auf Augenhöhe!' Dann hob er mich hoch und küsste mich, aber richtig, mit seinen saftigen Lippen. Wir gingen schweigend Arm in Arm nach Hause. Von da an gingen wir miteinander, wie man das damals so nannte."

„Du warst die Muse des Mittelstürmers, das ist ja grandios. Der Star des Viertels. Die Prinzessinnen sind bestimmt vor lauter Neid ins Koma gefallen, oder nicht?"

„Ja, so ähnlich", lachte sie, „aber nur für drei Wochen. Er wollte immer mehr und immer fordernder. Meine Güte, ich war vierzehn. Bald hatte ich Angst mit ihm alleine zu sein. Eines Abends konnte er sich gar nicht mehr bremsen. Ich versuchte ihn zurückzuhalten. Daraufhin riss er mir das T-Shirt vom Körper und wollte mir gerade an die Hose, da schrie ich ihn an und knallte ihm eine, so fest ich konnte. Und in der Schrecksekunde, die er brauchte, um das zu verstehen, rannte ich nach Hause. Oben ohne, versteht sich. Gottseidank war es dunkel und niemand im Treppenhaus und im Flur, als ich in mein Zimmer schlich."

„Was für ein Arschloch!", kommentierte Karl aufgebracht.

Klara stand auf, hob ein paar Steine auf und ließ sie übers Wasser springen.

„Das kannst du wohl sagen. Danach war bei mir erst mal Sendepause mit Jungs. Ich traf sie nur noch beim Fußball im Park und dann am liebsten vors Schienenbein", sagte sie und lachte schief.

Karl erhob sich ebenfalls und stellte sich neben sie.

„Die Glücksritter der Liebe sind wir ja nicht gerade, wie's so aussieht."

„Da sagst du was."

„Was wahr ist, muss wahr bleiben."

„Ja, ist so!"

„Genau."

„Und weiter?"

„Ach lass man. Später mal. Und bei dir?"

„Ist ein weites Feld, aber kein schönes."

Er stieß mit seinem Glas gegen das ihre: „Auf die Scheißliebe!"

„Auf die schöne Scheißliebe!"

„Küss mich!", sagte Karl.

„Ja, aber nur 'n bisschen."

Sie gab ihm einen ganz leichten ,Kolibrikuss' auf die Lippen. Als sie sich wieder auf die Bank gesetzt hatten, erzählte er ihr von seinen Liebesfantasien und seinen Gedichten, die er dazu geschrieben hatte. Und sie ihm von ihrer Sammlung an Liebesfilmen, die sie sich immer und immer wieder angesehen hatte, bis sie die entscheidenden Dialoge auswendig konnte. Und sie sprachen über alles und nichts und über Gott und die Welt, eher weniger über Gott als die Welt, nur damit es nicht aufhörte, das Gefühl nicht allein zu sein. Damit es nicht aufhörte, das ganz leise Gefühl von Glück, wie der Kuss eines Kolibris.

„Gehen wir schlafen?", fragte Karl schließlich.

„Ja, aber erwarte nicht, dass wir zwei jetzt ... du verstehst! Also, dass wir da drin miteinander vögeln oder wie man 's auch nennen mag, also, ich kann das jetzt nicht, so einfach ... das geht nicht, das ...", blieb ihr Satz in der Luft hängen wie eine kryptische Warnung, vielleicht auch wie ein Damoklesschwert. Sie drehte sich weg und kletterte in den Bus.

„Ja, ist klar, ich dachte auch nicht ..., lass man, brauchst nichts zu erklären, schon gut, ist mir auch recht, ich meine, vielleicht alles zu schnell, besser nichts überstürzen ... ja, also ...", stammelte Karl, bevor er hinter ihr in das Wohnmobil kletterte.

Sie lagen lange wach, ohne ein weiteres Wort und taten so, als ob sie schliefen.

Der Sommer wollte nicht aufhören und das Wetter gab alles an Sonne, Wind und lauen Sommerabenden, um Karl und Klara so oft wie möglich auf den Boule-Platz zu treiben. Sie trafen sich häufig und gern, spielten mit Freude und Einsatz, lachten, scherzten und plauderten miteinander und redeten über fast alles. Bei genialen Würfen, gewonnenen Spielen und beim Abschied gab es Umarmungen und Küsse auf die Wange. Zwischendurch flog auch mal ein Gedicht in Klaras E-Mail-Box. Das vertraute Gefühl der Verbundenheit trug sie weiterhin, aber die Unbefangenheit hatte einen Knacks bekommen. Die Freundschaft hatte ihre Unschuld verloren. Natürlich bemerkten es beide und sie wussten, dass sie es nicht totschweigen durften. Das würde sie auf die Dauer nur auseinandertreiben, wo sie sich zusammen doch so wohl fühlten. Beide wollten ja, dass da was geht. Sie wussten auch, welche Hürden sie davon abhielten. Was sie nicht wussten, war, ob sie nicht zu hoch waren, um sie zu überwinden. Das würden sie erst merken, wenn sie Anlauf nahmen und zum Sprung ansetzten. Das Risiko vor dem Sturz machte beiden Angst. Schließlich überwand sich Karl und lud Klara für einen Samstagabend zu sich zum Essen ein. Klara sagte zu.

Sie war fest entschlossen, zu allem, im Kopf. Die weichen Knie und ihr nervöser Magen gingen in die Opposition. So fahrig und schlecht hatte sie sich lange nicht mehr gefühlt. Aber sie versuchte, nicht vorher schon das Handtuch zu werfen. So raffte sie den Rest ihrer Schönheit zusammen, bürstete ihr Haar, bis es glänzte, malte sich einen schmalen, dunkelroten Mund und tupfte sich ein wenig Tusche auf die Wimpern.

Karl fegte all seinen Mut im Oberstübchen zusammen, fasste sich ein Herz, schlüpfte in die legere naturfarbene Leinenhose, warf das dunkelblaue Hemd mit dem asiatischen Stehkragen über und setzte den hellbeigen Sommerhut mit dem schwarzen Band auf. Der hat was Verwegenes, dachte er. Er hatte sich vorgenommen, nicht an sein Handicap zu denken, was natürlich nicht ging.

Um sieben Uhr abends schellte es und Karl machte auf. Klara stand vor der Tür, mit einer Flasche Wein in der Hand und grinste schief.

„Du siehst großartig aus!", sagte Karl und küsste sie auf die Wange.

„Und du erst mit diesem Hut, wie Clark Gable in ‚Vom Winde verweht'. Nur der Gigolo-Schnäuzer fehlt dir noch."

*Auch ohne letztes Zimmer*

„Nee, lass man, der hat sowas von Eintänzer in 'ner Tangobar."

Karl hatte auf dem Balkon gedeckt, ein gelbes Sonnensegel spendete Schatten gegen die tiefstehende Abendsonne. Sie schafften es, wie beim Boule, über Nichtigkeiten zu plaudern und dabei Karls wunderbares Lammragout mit mediterranem Gemüse-Risotto zu vertilgen und immer wieder mit Wein nachzuspülen. Beide bemerkten, dass sie zügiger tranken als sonst und wussten auch, warum.

Karl räumte den Tisch ab. Klara stand auf und half ihm.

„Sollen wir den Nachtisch sofort oder besser erst nachher essen?", fragte er sie.

„Ich glaube, wir sollten uns jetzt erst mal was aus unserem Leben erzählen, bevor uns dazu der Mut vergeht."

Sie stellten das Geschirr auf die Anrichte und gingen wieder hinaus auf die Terrasse. Karl nahm Klaras Hand. Sie schauten sich an und umarmten sich. Dann ließen sie voneinander und setzten sich gegenüber an den Tisch. Karl goss die Gläser voll.

„Also, bevor es losgeht mit unseren heiklen Lebensgeschichten, dem bisher Unausgesprochenen, wobei, ich weiß gar nicht, ob ich das kann, also vorher ein Wort: Karl, ich finde dich großartig, deine Nähe ist wie ein warmer Ofen im Winter, deine Freundlichkeit, dein feiner Humor, deine Sanftheit, all das habe ich so liebgewonnen, dass ich es nie im Leben mehr missen will. Ja, und noch mehr, Karl, ich habe mich in dich verliebt, ich liebe dich, ich brauche dich, aber …" und schon hinderte sie der Kloß im Hals in ihrem Redefluss.

„Ja, Klara, das ist genauso bei mir", übernahm Karl. „Ich habe nicht gedacht, dass ich noch einmal auf einen Menschen treffe, noch einmal eine Frau kennenlerne, die so zu mir passt, die so ist wie du, die so großartig, charmant, liebevoll ... mir fehlen die Worte ... ja, und auch ich bin in dich verliebt, will dich und will mehr von dir als ich jetzt schon bekomme. Ja, das ist ja das Problem ... Also, wieso haben wir nicht schon längst miteinander geschlafen? Jetzt ist es raus."

Beide lachten kurz auf.

„Ja, darum geht es. Wir zieren uns als seien wir Erzkatholiken im neunzehnten Jahrhundert und hätten Angst vorm Fegefeuer. Aber das ist es nicht. Ich habe das noch nie erzählt, es geht nicht über meine Lippen, aber ich will doch, dass du mich verstehst, aber es ist so schwer ...", jetzt liefen ihr die Tränen über die Wangen.

„Da ist eine Hürde auch bei mir. Ich weiß nicht, wie ich da drüber kommen soll. Ich habe dir das erzählt mit den Frauen: Alles recht belastend, meine Mutter und Gisela, wie gesagt. Dann war da noch Britta, die war damals schon wie ein Hausmütterchen, lieb, devot, ein Fähnchen im Wind, bestimmt eine gute Mutter, aber keine Frau für mich, die habe ich verlassen, schnell, nach ein paar Wochen. Mit schlechtem Gewissen. Aber dann ..."

So erzählte er ihr von Eva. Einmal im Leben war für Karl alles ganz einfach gewesen, zum Weinen schön, märchenhaft, nur Glück. Ja, das war sein Leben mit ihr und ihrem Charme, ihrer Klugheit, ihrem Witz und ihrer Fantasie. Für sie war alles möglich, wenn man nur wollte. So war ihr Optimismus. So lichtdurchflutet waren die zwölf gemeinsamen Jahre mit ihr. Mit Eva zu leben war das Paradies gewesen.

Aber dann würgte er in schweren Wortbrocken und kantigen Satzfragmenten die Geschichte von Evas Tod hervor. Eines Tages, vor etwa acht Jahren, sei sie einfach nicht mehr nach Hause gekommen, weggeblieben, verschwunden, nicht mehr aufzufinden. Die Polizei fand sie dann nach zwei Tagen Suche mit Hunden und Hubschrauber im Wald, nicht weit entfernt, im Unterholz, schlampig versteckt, Lehm beschmiert, verdreht, nackt, geschändet, mit gebrochenem Genick ... seine Eva.

Und das Wie sei noch einmal ein zusätzliches Grauen gewesen. Als reiche es nicht, dass sie nicht mehr da war, dass sie tot war. Dann auch noch das. Die Qual, die Ohnmacht, nach dem Unmenschlichsten aller Verbrechen. Die Fragen danach: nach Täter, Verantwortung, eigener Schuld. Hätte er sie nicht mit dem Auto ..., wäre er nicht besser ... All die unsinnigen Selbstzerfleischungen, Schmerz auf Schmerz auf Schmerz, als könne man ihn übereinanderstapeln wie Steine, zu einer Mauer der Selbstanklage. Danach war es kein Leben mehr, nur ein Warten, dass der Schmerz nachlässt, wie amputiert. Der Wundschmerz verging über die Jahre, der Phantomschmerz war der schlimmste, der Verlust, ihre ewige Abwesenheit, jeden Tag neu.

Karl litt wie ein Hund. Seine Freunde hielten seine Trauer aus, ein halbes Jahr, wenige auch länger, aber nicht seine beharrliche Traurigkeit, die sich nahtlos anschloss, die mit bitterem Trotz das Kommando über ihn übernahm und ihm nicht nur das laute Lachen, sondern auch das leise Lächeln verbot. Schließlich traf Karl seine Freunde immer seltener. Sie luden ihn nicht mehr ein. Und er sie auch nicht. Er war allein.

„Und jetzt, wenn ich mit dir lache, wenn ich in deine Augen sehe, wenn ich dich betrachte, dich umarme, deinen Körper spüre, schaut Eva zu, ist sie dabei. Nicht immer, nicht permanent, aber sobald ich nur an Lust und Begierde denke, ist sie nicht mehr wegzudenken. Ich habe das Gefühl, sie zu verraten, wenn ich ..., du verstehst? Ich werde sie nicht los, weil ich sie nicht loswerden will. Aber solange sie da ist, in mir drin, in meiner Erinnerung so lebendig, vergeht mir die Lust, bekomme ich Angst, fühle ich mich schlecht, wenn ich mit einer anderen Frau...", endete Karl, schaute auf seine Hände, die mit sich rangen, als wollte die eine die andere besiegen. Er wusste nicht mehr weiter. Klara nahm sie und hielt sie fest, bis sie sich beruhigten, das Kämpfen aufgaben.

So saßen sie eine Weile da.

„So! Ja ... was soll ich sagen?", beendete Klara die Stille. „Zu dem, was du mir gerade erzählt hast, ... also, ... da kann ich nicht viel sagen. Dass du sowas erleben und ertragen musstest, tut mir unendlich leid. Das klingt ja wie der totale Horror. Ich kann verstehen, dass sich so ein Mensch, wie deine Eva und so ein gemeinsames Glück, wie auch so ein Horrorerlebnis, Schicksalsschlag, Katastrophe, Desaster, wie man es auch nennen mag - ein wirklich passendes Wort gibt es gar nicht – dass sich all das so eingebrannt hat in deine Erinnerung, in dein Fühlen, in dein Leben, dass es da nicht mehr zu löschen ist, sich nicht verdrängen lässt. Das Brenneisen der Vergangenheit hat da ganze Arbeit geleistet. Ob sich das noch verändern lässt, ob du lernen könntest, damit anders umzugehen oder einen anderen Blick darauf zu bekommen, das weiß ich nicht. Da musst du einen Therapeuten fragen, aber...", brach sie plötzlich ab.

Sie stand auf, schaute in den sommerlichen Abendhimmel, der sich im Westen noch mit einem pastellfarbenen Streifen Abendlicht gegen die Nacht wehrte, rieb sich die Oberarme, als fröre sie und sagte:

„Komm, lass uns mal um den Block gehen. Was ich zu sagen habe, kann ich nur beim Laufen und im Dunkeln aussprechen, wenn überhaupt."

Klara ging schnellen Schrittes in die Wohnung, nahm sich ihr Halstuch vom Sessel und verließ zügig die Wohnung. Karl musste sich beeilen hinterherzukommen. Auf der Straße war sie schon meterweit voraus und schritt sehr schnell, rannte fast. Als Karl sie eingeholt hatte, fasste er sie an der Schulter, drehte sie herum und sagte:

„Warte doch mal, wir sind doch nicht auf der Flucht!"

„Doch!", krächzte sie und Karl blickte in ein verstörtes Gesicht. Er nahm sie in die Arme, sie krallte sich an ihm fest und er spürte, wie es ihren Körper schüttelte und an ihrer Seele riss. So standen sie da, eine elende Ewigkeit.

Schließlich löste sie sich von ihm und er nahm sie an die Hand. Wie ein ängstliches Kind, so hielt sie ihn fest. Sie gingen langsam die Straße entlang.

„Ja, jetzt bin ich wohl dran, ich weiß. Wenn ich nur daran denke, darüber zu reden, packt mich die Panik."

Sie löste ihre Hand aus seiner, atmete tief durch und begann mit ihrem Redeschwall:

„Karl, dich hat das Schicksal, der Zufall, die Willkür, das Unglück wie ein Panzer überrollt. Evas Tod hat deine Seele arg geschunden. Aber du hast auch das Glück mit ihr erlebt, zwölf Jahre lang. Zwölf Jahre

Paradies. Ja, und darum beneide ich dich. Neid, das ist kein edles Gefühl, nein, ich weiß. Aber du weißt, was Glück bedeutet, hast es erlebt. Ich nie. Was mir über die Seele gerollt ist, war nicht die Kehrseite eines Glücks, es war ... was mich getroffen hat ... eine Abrissbirne ... und nicht nur einmal, nein immer und immer wieder ... über Jahre immer wieder. Als ich zehn war, kam das Böse zu mir, kam immer wieder, meist an Wochenenden, die Samstagsabende waren ... Und mit dreizehn war's vorbei, ganz plötzlich ..., weil mein Vater entdeckte, was los war. Ich hatte zu viel Angst, und schlimmer noch, zu viel Scham, konnte mich nicht selbst retten, konnte nichts sagen ... wer hätte mir schon ... also geglaubt, wer? ... kamen einmal früher nach Hause. Das Theaterstück war langweilig. Sie gingen oft aus am Wochenende. Er kam immer rüber, wohnte drei Häuser weiter, passte auf mich auf. Wir verstanden uns doch so gut, fand er, ha! Ich war sein kleiner Engel, Klärchen, fast wie die eigene Tochter. Ha! Papa kam in mein Zimmer, sah, was Sache war ... schlug ihn fast tot, zeigte ihn aber nicht an. Den eigenen Bruder zeigt man nicht an, sagte er ... durfte nichts sagen, kein Wort, zu keinem, kein Wort mehr darüber mit Papa und Mama ... war ja jetzt zu Ende ... alles wieder gut! Therapie? ... dann wissen 's bald alle, die Nachbarn, die Schule. Unmöglich! Gras drüber wachsen..., die Zeit heilt alle ... ist ja gut, Schatz, weine ruhig, meine Mutter, die feige Sau ... wird schon wieder! Nichts wurde! Und dann noch das mit dem Mittelstürmer-Arsch. Mein letzter hilfloser Versuch. Wollte Normalität. Auch daneben. War wie mein Onkel, die Sau. Seitdem mache ich zu, wenn jemand was von mir will. Also: Sex geht nicht. Tut mir leid.

*Auch ohne letztes Zimmer*

Liebe? Pah! Höchstens platonisch. Aber wer will das schon? Komme ja klar, alleine, siehst ja ..."

Sie blieb stehen und schaute auf die schwarzen Silhouetten der Häuser. Konnte ihn nicht ansehen, seinen Blick nicht ertragen, wollte weg, sich auflösen, verdunsten, hinauf in den Nachthimmel, für immer.

Karl nahm sie in den Arm, sie ließ es zu. Sie waren jetzt unendlich müde, beide. Wenige Meter weiter fanden sie eine Bank. Sie setzten sich und schwiegen.

Ihm schossen die letzten Zeilen des Gedichts von Kästner durch den Kopf:

*Sie saßen allein, und sie sprachen kein Wort*
*und konnten es einfach nicht fassen.*

Doch diese Verse hatten jetzt nichts melancholisch Romantisches mehr. Es war ein Elend in ihnen, in den Versen wie auch in Klara und Karl.

Am nächsten Tag bekam Klara eine SMS von Karl:
– Sehen wir uns heute Abend auf dem
  Bouleplatz? –
– Ist das schlau? – war die Antwort.
– Schlaueres gibt es nicht! – kam es zurück.

Als Karl abends zum Platz kam, war Klara schon da. Sie begrüßten sich mit einer vorsichtigen Umarmung.

„Also, gestern Abend, das ...", begann Karl.

„Das möchte ich nicht vertiefen, Karl!", unterbrach sie ihn sofort. „Ich kann darüber kein normales Gespräch führen, ich will das auch nicht. Das kann ich nicht diskutieren, nicht drehen und wenden, nach rationalen Lösungen suchen. Das ist nämlich nicht rational!"

Karl sah ihr angespanntes Gesicht, die Angst in den Augen, den stocksteifen Rücken.

„Lass mich nur einen Satz sagen: Ich will dich nicht verlieren!"

„Ich dich auch nicht! Aber ... ich bin ein Liebeskrüppel!"

„Ich auch. Was hab ich dir erzählt?!"

„Ich kann nur platonisch?"

„Also platonisch!"

„Wenn das so einfach wär'!"

„Das nicht. Aber schwierig ist besser als allein, Klara."

„Ja, vielleicht ..."

„Komm, lass uns spielen."

Die anderen Spieler kamen. Die beiden spielten Boule mit ihnen und gegen ihre Traurigkeit, warfen und rollten die kleine Holzkugel vorweg und die eisernen Kugeln hinterher. Und nichts konnte schöner sein für die beiden, als das gemeinsam zu tun.

Als sie spät am Abend die Kugeln einpackten, sagte Klara zu Karl: „Ich muss dir was beichten. Wir haben dich belogen, Walter und ich. Ich bin nicht aus Heimweh nach Deutschland zurückgekommen, sondern weil ich mich um meinen Bruder kümmern musste. Die Zelte hier abzubrechen, hätte er alleine nicht geschafft. Er ist krank, hat was an der Lunge, unheilbar, ein paar Jahre geben sie ihm noch. Und er hat solche Sehnsucht nach seinem Sohn. Der kommt ja nie über den großen Teich, also ist er hin."

„Walter ist ..."

„... mein Bruder, ja. Er wollte, dass wir beide uns kennenlernen. Er hat Angst um dich. Und um mich.

Er wollte, dass wir nicht alleine sind, wenn er nicht mehr da ist. Ich konnte ihn nicht davon abbringen, musste ihm versprechen, mitzukommen, hier auf den Platz, um dich kennenzulernen. Walter hat immer viele Leute gekannt, aber du seist sein bester Freund gewesen, meinte er. Den könne man nicht so einfach auf dem Platz stehen lassen. Ja, so ist er eben."

„Mann, hätte ich das gewusst, dann ..."

„... hättest du ein großes Theater darum gemacht. Und das wollte er nicht. Ist schon alles gut so. Du kannst ihm ja schreiben, seine Mail-Adresse ist ja geblieben."

„Jetzt habe ich keine Lust mehr aufs Boule."

„Lass uns nach Hause gehen, ich koche uns einen Tee."

„Ja, das ist gut, ja."

Zwei Tage später fand Klara einen Brief von Karl in ihrem Briefkasten, mit diesem Gedicht:

## Auch ohne letztes Zimmer

*Du schenkst mir Nähe mit wolkenlosen Worten*
*Nimmst mir meine bewölkten Gedanken*
*Holst mich aus dem Gewitter meiner Grübeleien*
*In das warme Haus deines Vertrauens*
*Doch nicht bis ins letzte Zimmer*

*Ich trockne dir mit meinem Lächeln*
*Das tränennasse Gesicht*
*Gieße dir den heißen Tee der Hoffnung ein*
*Führe dich zum Sofa meiner Freundschaft*
*Doch nicht bis ins letzte Zimmer*

*Wir halten einander nicht nur*
*Um nicht allein zu sein*
*Denn wir sind uns einander*
*Wert wie sonst nichts*
*Wir und unsre Zuversicht*
*Auch ohne letztes Zimmer*

Klara und Karl blieben zusammen.

**Winfried Thamm,** Lehrer für Deutsch, Kunst und Theaterspiel an einer Gesamtschule in Duisburg, sagt von sich selbst: „Schreiben hilft mir, die Welt zu sortieren."

Er veröffentlichte 2010 seine erste Kurzgeschichtensammlung, 2012 folgte der Roman „Harras – der feindliche Freund" und 2015 die Fortsetzung „Harras – Alles wird böse", 2017 der Erzählband „Muskelkater vom Leben".

Eine Zeit lang stand er als eine Hälfte des Kabarett-Duos „Zwei Atü" auf Amateurtheaterbühnen. Nach einer Zusatzausbildung als Schauspieler und Theaterpädagoge gründete er die Gruppe „Theater Schräglage", mit der er viele Theaterprogramme entwickelte und aufführte.

Eine seiner Kurzgeschichten wurde von dem Filmemacher Philipp Peißen als Kurzfilm umgesetzt („Venedig nur mit dir" auf YouTube). Für die schauspielerische Leistung in einem weiteren Kurzfilm wurde er 2016 zum besten Darsteller des Leverkusener Filmfestivals 2880 gekürt.

Winfried Thamm lebt mit seiner Familie in Essen-Bergerhausen.

Mehr über den Autor unter www.winfried-thamm.de

**Weitere Bücher von Winfried Thamm:**

## Harras
## der feindliche Freund

Nach jahrzehntelanger Unterbrechung und durch ein „zufälliges" Wiedersehen lassen Henning Wennemann und „Harras" Stelzer ihre früher so verschworene Freundschaft wieder aufleben.

Von alten Missverständnissen gereinigt, genießen sie diese in vollen Zügen. Harras eröffnet Henning die aufregende und zwielichtige Welt der Reichen und Schönen in teuren Restaurants, exklusiven Clubs und auf millionenschweren Segeljachten. Doch das hat seinen Preis ...

Print: ISBN 978-3-942672-06-1 | 184 Seiten | € 10,90 [D]
E-Book: ISBN 978-3-942672-37-5 | € 2,99 [D]

## Harras – Alles wird böse

Was mit „Harras – Der feindliche Freund" begann, hat Winfried Thamm in diesem Buch fortgesetzt: Die Geschichte der beiden höchst unterschiedlichen Freunde, die in verschiedenen Welten leben. Normalbürger trifft auf Egozentriker und das hat eine ganz eigene Dynamik.

Die beiden Freunde Harras und Henning sind zerstritten. Durch Harras Schuld ist Henning schwer verletzt worden. Er beschließt, Harras nie mehr wiederzusehen, doch der lässt sich nicht abschütteln. Schließlich vertragen sie sich wieder: **Alles wird gut.**

Doch Harras hat Bedürfnisse, die Henning gar nicht passen. Um seine Ziele zu erreichen, setzt er alle Mittel ein: **Alles wird schlecht.**

Henning wehrt sich mit Händen und Füßen – und mit Stasia, wer auch immer das sein mag. Der Krieg der Freunde ist eröffnet: **Alles wird böse.**

Print: ISBN 978-3-942672-34-4 | 258 Seiten | € 11,90 [D]
E-Book: ISBN 978-3-942672-35-1 | € 4,99 [D]

# Muskelkater vom Leben

### Eine Rückschau auf das Leben mit Tendenz nach vorne.

Menschen werden älter, manche sogar alt.

Und wo das Alter ist, da ist die Weisheit nicht weit – aber auch nicht die Borniertheit, das Erinnern, das Vergessen, körperliche Gebrechlichkeit, Einsamkeit, langjährige Freunde, der Tod.

Genau das erleben die Protagonisten in Winfried Thamms Kurzgeschichten. Ob dicker alter Mann, trauernder Freund oder zurückgezogener Rentner – sie alle haben Muskelkater vom Leben.

Sie schwelgen in wertvollen Erinnerungen und kosten die Vergänglichkeit aus, aber sie meckern und stöhnen auch, sie leiden und sie schämen sich.

Winfried Thamm schreibt schonungs-, aber niemals hoffnungslos über das Altern, manchmal satirisch, oft ernst, meistens feinsinnig, immer dem Leben zugewandt. Und überall schimmert die Sehnsucht durch.

Print: ISBN 978-3-942672-52-8 | 134 Seiten | € 10,00 [D]
E-Book: ISBN 978-3-942672-53-5 | € 4,99 [D]

Der **OCM Verlag** ist ein unabhängiger Verlag im Dortmunder Süden. Seit 2010 machen wir gute und schöne Bücher, jenseits des Mainstreams, mit Autoren aus der Region (andere dürfen aber auch). Dabei sind wir auf kein Genre festgelegt, wir veröffentlichen nur das, was uns gefällt. So vielfältig unsere Bücher auch sind, haben sie alle etwas gemeinsam: Sie wurden mit Herzblut gemacht.

OCM Der Verlag | Sölder Straße 152 | 44289 Dortmund

Lesungstermine, Leseproben und Podcasts finden Sie auf unserer Homepage www.ocm-verlag.de